梅原 猛

日本思想の古層

川勝平太

藤原書店

はしがき

梅原　猛

川勝平太氏をひと言で評するなら、現代日本で稀に見る快男児といってよかろう。彼の中学・高校時代の同級生であった知人によれば、彼はまさに万能の秀才であったという。バスケットボールの選手として活躍し、ヴァイオリンをよくし、多芸多才であったが、受験勉強だけはしなかったらしい。

早稲田大学教授時代の彼と初めて会って話をした私は、当時私が所長を務めていた国際日本文化研究センター（日文研）の教授として是非来てほしいと思った。諸般の事情で私の所長在任中は実現しなかったが、後に彼の日文研の教授就任が決まった。

その後、川勝氏から私は何度か個人的な相談を受けた。一つは、日文研在職中、静岡文化芸術大学の学長になってほしいと打診を受けたが、どうしたものかという相談であった。日文研を結構愛していた彼は、必ずしもその学長就任を望んでいなかった。静岡文化芸術大学の初代学長には当初、日本を代表する国際政治学者、高坂正尭氏の就任が予定されていたものの、その死去により、西洋史学者の木村尚三郎氏が初代学長になった。私は「そのような一流の学者を学長に迎える大学は高い理想をもっているにちがいない。あなたには彼ら二人に匹敵する教養があり、甚だ適任だ」といって、彼に学長職を引き受けることを勧めた。

また、学長在任中の彼に静岡県知事選への立候補の要請があったとき、それを受けるべきかと相談があった。すでに自民党はある女性候補者を擁立し、民主党（当時）はそれに対抗できる候補者を探していた。そして民主党の有力者から、京都の稲盛和夫氏や私にも相談があった。稲盛氏も私も、静岡文化芸術大学学長の川勝氏が最適だと答えた。すでに自民党の支援体制は確立していて、そこに対立候補を擁立しても勝てる見込みは薄いとも思われたが、最終的に川勝氏は立候補を決断し、その風貌と雄弁で有権者、特に女性有権者の心をつかみ、大方の予想を覆してみごとに当選した。

静岡県は名古屋文化圏寄りの浜松から、関東地方として扱われることもある伊豆まで、東西に長い県である。このような県の特性を生かして川勝知事は甚だ独自の取組みを進め、県民の高い支持を得ている。

学者から政治家に転身した人は他にもいるが、政治家になるとほとんど学問を捨てている。しかし川勝氏は、忙しい公務の合間に読書し、思索し、学者であることをやめない。

私は偉大な政治家、藤原不比等の実像を追究し、その父、藤原鎌足と不比等によって葬られた聖徳太子や柿本人麻呂をとり上げた『隠された十字架』『水底の歌』を書き、思いがけず日本古代史研究者になった。鎌足以前の藤原氏についていて出自がはっきりしていないが、川勝氏は、鎌足は百済王子の余豊璋であるという説が正しいことを証明している。それは蓋然性が高いのではなかろうか。

本書に収められたのは川勝氏と縦横無尽に語り合った対談であり、今読み返してても大変興味深い。

二〇一七年四月

日本思想の古層　目次

はしがき……………………………………梅原　猛　1

I　日本の古層の「文化力」とは何か……梅原　猛／川勝平太　13

富士山と梅原哲学　14
西田哲学から仏教の深部へ　16
「美の哲学」の発見　24
親鸞の思想と宇宙的循環　27
女人往生と親鸞の結婚　30
激越な平等思想　37
美と宗教の不即不離　39
『古事記』『日本書紀』と藤原不比等　43
藤原鎌足とは誰か　46
隠された鎌足のルーツ　52

弥勒思想の謎　56
『海人と天皇』のテーマ　62
美と利が合致した富士山　63
謎多き秦河勝　69
「草木国土悉皆成仏」を基礎として　74

Ⅱ　日本文化に根ざした「平和」の発信……梅原 猛／川勝平太　77

中曽根元首相と国際日本文化研究センター　78
「政治は文化に奉仕する」という中曽根名言　82
日本は世界に何を発言し得るか　85
天台本覚論とギルガメシュ神話　87
西洋の森は再生林　94
『人類哲学序説』――梅原哲学のエッセンス　99

九条と国連憲章　103
現代の学問所として　110
稲作の源流と長江文明　114
白川静のすごさ　119
国の象徴、国土の象徴　123

Ⅲ

「人類哲学」讃歌——山川《さんせん》草木《そうもく》国土《こくど》悉皆《しっかい》芸術《げいじゅつ》　川勝平太　127

仏教という視座からの西洋哲学批判　130
「草木国土悉皆成仏」という核心　163
ユーラシアの思想の東西への伝播　176

あとがき…………………………川勝平太　205

日本思想の古層

Ⅰ　日本の古層の「文化力」とは何か

梅原　猛
川勝平太

富士山と梅原哲学

川勝　二月二十三日は富士山の日です。富士山を愛される徳仁皇太子殿下のお誕生日でもあります。二二三は「フジサン」「フジミ」のごろ合わせで覚えやすい。富士山の日の記念に『富士山百画』（富士山世界文化遺産登録推進静岡・山梨両県合同会議、二〇一三年）を編みました。古今の富士山を描いた無数の名画のなかから、高階秀爾先生や芳賀徹先生に百点を厳選していただきました。富士山は今年（二〇一三年）六月にカンボジアで開かれる世界遺産委員会で世界文化遺産の登録の可否が決まります。

梅原　この画集は大変いいものですね。委員会でも見てもらうといいですね。

川勝　昨年（二〇一二年）冬にユネスコに推薦状を出しました。その年の夏にイコモス（国際記念物遺跡会議）の現地調査が行われ、それをもとにお決めになるのです。『富士山百画』も参考資料として届けます。

富士山は造山活動の傑作で、普通なら自然遺産ですが、それが「文化遺産」として登録されれば画期的です。というのも、ヨーロッパでは、文化というのはノートルダム寺院、ケルン大聖堂、ヴェルサイユ宮殿など、人が造ったものという文化観があります。富士山が「文化遺産」として認められれば、日本の自然観・文化観が世界性をもつことになるからです。

富士山に代表される日本の自然に、日本人は文化的な価値を認めています。そのような日本人の自然観と文化観の基礎にある哲学を梅原先生が出されました。先生は西洋哲学をギリシャ哲学からニーチェ、ハイデッガーまで修められた後、壮年期から日本研究に打ちこみ、『美と宗教の発見』（一九六七年）を四十歳そこそこで世に問われました。それに先立って、共著で『仏像――心とかたち』（正・続、一九六五年）というすばらしい二巻本を出されています。以来、半世紀近く、日本仏教を基礎にした日本哲学をつくりあげ、「草木国土《そうもくこくど》悉皆成仏《しっかいじょうぶつ》」という天台本覚思想にたどりつかれた。この思想こそ、富士山が世界文化遺産となる背骨になるものです。富士山の世界文化遺産登録を通して、梅原哲学が世界的に共有される足がかりになると見ています。いかがですか。

西田哲学から仏教の深部へ

梅原　私は名古屋の旧制八高出身です。私の父は数学が大変よくできて、東北大学工学部へ進み、戦後、トヨタ自動車へ入って技術的基礎を築きました。私も数学が大変得意で、中学の教師や友人から、私は理科系に進むべきだといわれていた。ところが中学三年生の時に、川端康成の『十六歳の日記』を読み、私と同じ年頃の川端康成が自分の人生をじつに深く冷たく見ているのに対し、私は自分の人生について何も考えていないと思い、急に文学少年になった。自分には小説を書く才能はないが、人生を論理的に究明する哲学なら、数学の得意な自分にもできると考えて、京大哲学科に進んだのです。

京大には西田幾多郎という、西洋の哲学と仏教を研究し、そのうえに独創的な西田哲学をつくった哲学者がいた。そういう西田さんにあこがれて京大に入った。ところが、戦後の京大哲学科は、自分の哲学などつくるのはよせ、西洋哲学を勉強するのが哲学だという学風なのです。もちろんそれも立派な学問です。古代哲学の田中美知太郎さんはプラトン、近代哲学の野田又夫さんはデカルトの研究者です。私もそういうすぐれた研究者に学びましたが、本心では、西田幾多郎のように西洋と東洋を研究し、そこから人類の新たな生き方を考える体系を樹立するのが哲学だと思っていました。

そして三十代の終わりまで西洋哲学を勉強していた。田中さんのゼミに出席し、ギリシャの古典を原語で読んだこともあります。しかし、西洋が生み出した科学技術文明の理論的基礎はデカルトによってつくられたが、その西洋文明は行き詰まっていると思った。それはニーチェやハイデッガーの影響ですが、それを克服する思想は東洋や日本の思想にあるのではないかという予感を抱き、日本文化の研究にのめりこんだ。

川勝　西田幾多郎と同い年で、西田の少年時代からの親友が鈴木大拙ですね。鈴木大拙も西田幾多郎も、石川県の金沢で学び、それぞれ事情があって、学校を退学し、鈴木大拙は円覚寺に修行に出た。西田幾多郎も故郷を離れて東京にでた。そして、東京大学の正規の学生ではなく……

梅原　専科ですね。

川勝　専科生は東大で差別されていました。その後、西田は金沢の四高の教師になって、『善の研究』を著します。西田幾多郎と鈴木大拙は、金沢にいた時、ふたりとも北条時敬《ときゆき》に禅の感化を受けています。

梅原 禅の修行をしているんです。

川勝 西田が禅の修行で就いた禅師は雪門玄松《せつもんげんしょう》です。雪門禅師は西田幾多郎をあまり評価していなかったようです。

梅原 そうですか。

川勝 水上勉さんが雪門禅師を主人公にした実録小説『破鞋《はあい》』を書いています。それを読んで知ったのですが、西田幾多郎の禅の理解を、雪門禅師はあまり評価していなかったようです。ちょっと驚きました。それはともかく、『善の研究』は、純粋経験の説明の仕方など、全体が「善」ではなく「禅」の思想とも取れるほど禅味が濃いですね。私は、西田の禅の知識は、自分の座禅体験だけでなくて、親友の鈴木大拙の影響が大きいと思います。西田幾多郎のよって立つ仏教は禅ですね。

梅原　そのとおりです。

川勝　ところが先生は、仏教は禅に集約できない、とかなり早い段階でお気づきになり、鈴木大拙を正面から批判された。それが『美と宗教の発見』の主題の一つです。

梅原　そうです。私は哲学の方法として、西洋哲学と東洋の思想を研究し、その上に自己の哲学を樹立するという西田の立場に賛同しています。西田幾多郎のいう「純粋経験」はジェームズの影響が強い。『善の研究』は、ジェームズやヘーゲルの哲学を使って座禅の体験を解明したものという印象を受けました。

また鈴木大拙の『禅と日本文化』を読んで、日本文化を禅で説明するのは無理ではないかと私は思いました。禅は鎌倉時代に入ってきた仏教だからです。とくに謡曲のとりあつかいです。鈴木は「山姥」という一曲のみをとりあげて能を説明していますが、山姥とは山の妖怪であり、それが禅なのか、大変疑問です。多くの謡曲がみな禅だというのであればよいが、ただ一曲、しかも禅の思想であるかどうかわからない曲だけをとりあげて能を説明するのは無理ではないか。日本の思想を能だけで説明するのは不可能です。西田も、東洋の伝統と考えたのは禅のみです。仏教は禅に尽きるのかという疑問をもち、仏教を本気で研究し始めました。

川勝 西田幾多郎にとって仏教とは禅であり、禅で日本文化を説明したのが鈴木大拙なので、西田幾多郎の宗教理解の、いわば出典ともいうべき鈴木大拙の理論、それは『禅と日本文化』に代表されます。先生は、鈴木大拙の禅仏教と日本文化にかかわるテーゼを正面から批判されました。

先生は、『美と宗教の発見』を出される前に、本格的に仏像を研究されました。『仏像――心とかたち』『続・仏像――心とかたち』の二冊。

飛鳥、奈良から平安に至るすべての主だった仏像について、先生をふくむ三人の学者による多面的な考察を済まされています。鈴木大拙を批判する前に、仏像を通して仏教研究にお入りになったという経緯があります。座禅ではなく、仏像を通しての仏教の発見ですね。

梅原 そうです。京都哲学といえば、西田幾多郎ともうひとり、田辺元がいる。田辺も仏教を取り上げているが、親鸞仏教だけです。田辺の『懺悔道としての哲学』（一九四六年）は親鸞の『教行信証』をもとにしているけれど、きちんと読んでいない印象を受けた。私が京大に入った年に定年退職した田辺先生の批評会を高山岩男先生が行った。みんなはその哲学をほめたたえるけれど、私は、この哲学は大きな空振りだといった。一回生にしてそのようなことをいった私を、高山先生は「面白いことをいうやつがいる」といいましたが、助手たちからは「ひどいことをいうやつだ」といって嫌われました。西田、田辺の仏教理解は一面的すぎると思いました。

　その後、仏像を研究対象にした。しかし仏教思想を理解していないと仏像は理解できない。仏像といえば、空海の密教、最澄の顕教ですね。鎌倉浄土教にはあまり仏像はないが、平安浄土教は大変すぐれた仏像を生み出している。西田、田辺の束縛から離れて、仏教及び日本文化を研究しなければならないと思いました。

　それには神道を勉強しないと。明治以後は国家神道が優勢だけれど、古神道は決して国家神道ではない。古い神道はアイヌ民族の信仰につながっている。日本の仏教ばかりか神道の研究も五十年以上続けてきて、日本の中心思想は「草木国土悉皆成仏」という言葉で表現される思想ではないかと思いました。インド仏教には、動物までは成仏するという思想があるが、草木つまり植物までもが成仏するという思想はない。中国仏教にそういう思想がなきにしもあらずだが、中国仏教ではそういう思想は主流にならなかった。

ところが、仏教が日本に入ってきて、天台本覚思想が主流になり、鎌倉仏教の共通の思想的前提になった。日本では、アイヌ民族の信仰や古神道などの伝統思想が仏教を並立せしめており、「草木国土悉皆成仏」という言葉で表現される天台本覚思想を生み出した、というのが長い間かかってようやく出た私の結論です。

「美の哲学」の発見

川勝　処女作の『美と宗教の発見』は、まさに「発見」というにふさわしい作品ですね。もし、『善の研究』に対比する形で書名をつけるならば、『美の研究』といえるかと思います。田辺さんは親鸞に傾倒されましたが、戦前の知識人は、三木清、倉田百三、服部之総など、みな親鸞にかたむきますが、ほとんどが『歎異抄』レベルでの親鸞理解です。

一方、禅は、鈴木大拙は臨済禅で、それは栄西禅師からですから十二、三世紀以降になります。禅は自力本願で、仏像を拝むよりも、ひたすら座禅です。ところが、先生は、鎌倉仏教の親鸞や栄西以前、平安、奈良、さらに飛鳥時代の仏像をつぶさにごらんになって、そこに美と宗教が一体であることを発見された。

日本の哲学の軸足を「善」から「美」に移された。西田幾多郎の禅にもとづく「善の哲学」に、仏像の美と一体となった仏教をもとに、いわば「美の哲学」を対置された。それが『美と宗教の発見』ではなかったか。あの本は、和辻哲郎の批判、なかんずく鈴木大拙の批判になっています。鈴木大拙が提供した禅知識をベースにしたのが西田幾多郎の哲学ですから、鈴木大拙を批判することで、西田哲学の基礎を切り崩し、西田批判になっています。

それは「美の哲学」の登場をつげるものでした。先生の美の哲学が、やがて先生御自身の芸術創作に結びつくのは必然ともいえます。先生は狂言、スーパー歌舞伎、最近ではスーパー能に名作があります。小説もあり、日本ペンクラブ会長もつとめられました。

そもそも、どうして日本人は美という価値を大事にしたのでしょうか。その背景に神道の思想があるからだと思います。真・善・美の三つの価値のうち、神道では、真や善よりも、美という価値が根底にあって、美が真も善も包摂する。というのも、神道には清浄と不浄の対比がありま す。美しく清らかなものを重んじる神道の価値観がこの国の一番の古層にあることを、先生は見出された。美と醜、ないし清浄と不浄の対比で、汚いもの穢いことを許さない。美しく浄いものを志向する、そうした背景に古神道の思想がある。古神道以来の清らかな美や浄の重視ですね。日本における宗教あるいは哲学は、真・善・美でいえば、美が根本にあることを発見された。

親鸞の思想と宇宙的循環

梅原　『仏像——心とかたち』の頃は、まだいろいろな思想がはっきりととらえられていなかったけれど、予感のようなものがあった。それが美でした。田辺哲学、西田哲学には美が不足していたのではないかな。田辺さんの哲学は、結局、懺悔という、「悪人正機説」だね。戦後の浄土真宗の学説は、だいたい『歎異抄』をバイブルとした「悪人正機説」でなりたっています。

川勝　『歎異抄』は親鸞の弟子（唯円）のものですが、先生は親鸞の主著『教行信証』を重視され、親鸞の出生や妻帯の謎に肉迫されていますね。

梅原　最近、『教行信証』を読み返しています。たしかに親鸞には、自分が悪人であるという思想がものすごく強い。それはどうしてか。最近、親鸞は源義朝の孫であるという説が出されました。この説はかなり有力です。親鸞は、父を殺した阿闍世《あじゃせ》王と自己を同一視している。源義朝は、保元の乱で父の為義を殺した。後白河院が敵対した為義殺害を義朝に命じたので、義朝は父を殺さざるを得なかった。親鸞の悪人の自覚は、義朝を祖父とする自分の中に父殺しの血があるという自覚からきていると思います。

しかし親鸞がたどりついたのは二種回向《にしゅえこう》の説です。阿弥陀を信ずれば悪はすべて浄化され、阿弥陀浄土へ行くが、仏教は利他の教えなので、永遠に阿弥陀浄土にとどまることはできない。この世に苦しむ人がいるかぎり、またこの世に帰ってこなければならない。この世に帰ってくるというのは循環思想です。この点が、田辺をはじめ戦後の浄土真宗学ではまったく語られていない。科学を信じる現代人には、死んで極楽浄土へ行くということが信じられず、まして極楽浄土からまたこの世に帰ってくるというのはいっそう非科学的であると考えられ、親鸞のもっとも重要な二種回向の説を語ろうとしない。

阿弥陀を信ずれば浄土へ行けるというだけでは科学的ではないが、極楽浄土からまた帰ってくると考えることによって、それは生命の無限の循環の思想になると思います。それは縄文時代以来の日本人の考え方に近い。人が死ぬとあの世へ行き、あの世でしばらく暮らし、また子孫としてこの世に生まれる。生命の論理というのは、そういう宇宙的循環思想だと思う。それが親鸞の思想だと。

親鸞は、そういう循環を信じれば神様、弥勒様に近くなると考えた。私も今はそういう思想をもっています。もう先が短いですからね。

川勝 何をおっしゃいますか。

梅原 そのように考えると、死ぬことがあまり怖くなくなった（笑）。

川勝　梅原先生は生まれ変わって戻ってこられる。
梅原　子孫の一人になって生まれ変わるわけですからね。
川勝　遺伝子は継承されます。
梅原　それが無限の過去からずっと連なって、無限の未来に及ぶ。いまは遺伝子単位で人間を考えるというのが、新しい思想ではないかという気がして仕方がないのです。

女人往生と親鸞の結婚

川勝　親鸞には父殺しという、強烈な罪意識があった。親鸞はまた、結婚していますね。これは当時としては大変なことです。こっそり女人《にょにん》と関係するのではなく、堂々と結婚した。いわば女犯《にょぼん》の公言です。これについて、先生は法然さんの示唆によるものだと言われます。

梅原　それは玄孫の存覚が書いた『親鸞聖人正明伝《しょうみょうでん》』（以下、『正明伝』）に書かれています。結婚するということは仏教の革命だったと思います。

川勝　善人はもちろん救われる。『歎異抄』によれば悪人正機で、悪人も救われる。一方、法然さんは、女人も往生できる、とおっしゃっています。女人往生の背景には、衆生《しゅじょう》すべからく往生できるという哲学がある。そのなかで、なかんずく衆生の中でも往生しがたいといわれている女人も往生できるということについて、法然さんには強い思い入れがおありになった。

梅原　そのとおり。

川勝　法然の思想には、さらに前提があります。それは先生がいろいろなご本でいわれていることですが、源信と、その前の良源の教えです。こうした一連の思想の深まりがあって、一番救われにくいと思われている悪人を親鸞さんは救われた。往生しがたいとされていた女人も、法華経では変成男子《へんじょうなんし》、女人が男になってから往生するというので、まだ一種の男中心の往生説でしたが、それに対して、法然さんは、女人は女人のままで往生できる、と言われた。女人がみな往生できるならば、結婚しても、両性とも往生できる、ということになります。

梅原　そうです。

川勝　その思想の大きな枠組として、「草木国土悉皆成仏」、あるいは「山川草木悉有仏性《しつうぶっしょう》」という思想を、法然は確信していた。それを最初にいったのは良源かもしれませんが、一番よく読まれたのは源信の『往生要集』で、これは十世紀末に出た。法然にはそれを見事にまとめかえした『往生要集釈』があります。すべての人間のみならず、生きとし生けるもの、有情《うじょう》のものも非情のものもことごとく往生できると書かれている。ここのところで、いってみれば革命の種が蒔かれたと。

梅原　ええ、そのとおりです。

川勝　これが大きかった。日本仏教の独自性が開花したからです。草木国土が、いろんなものの生まれ変わりであるとするならば、自分の子供や孫のみならず、そこに咲いている花、樹木、そこに置かれている石とか、みな縁のあるもの同士になります。女人はいうまでもない。そういう思想的ベースがあるから、法然は親鸞に、結婚しなさい、とあえて勧めた。親鸞は、父親殺しの罪意識と格闘し、悪人でも往生できる、と説いた。これら一つ一つのことが革命的です。それは、法然と親鸞、それぞれの抱えていた問題、法然の場合ですと母を極楽に往生させたい、親鸞の場合ですと父殺しをした祖父の義朝をなんとしても往生させたいという強烈な思いがあった。「草木国土悉皆成仏」の天台本覚思想によって、法然、親鸞という大思想家が、自分の問題に即しつつ、個別具体的に解決していったといえないでしょうか。

梅原　法然の場合は、悪人往生というより女人往生ととらえたほうがいいですね。理論的には源信などが種を蒔いたけれど、法然には、女性差別にたいする強い批判があります。法然は、悪人往生と同時に女人往生という思想を強くもっている。しかし、法然自身は女戒を厳しく守っている。後白河法皇が「隠すは上人、せぬは仏」といったように、偉い上人はみな隠しているというが、法然はまったく女人には触れなかったといわれるほど戒を守った。それは矛盾である。

その矛盾を自覚した法然は、親鸞に結婚を勧めた。法然は親鸞にたいして、思想そのものを実生活で実践せよといったのでしょう。それは仏教の歴史の中で画期的なことであったと思います。

九条兼実《くじょうかねざね》が法然に「自分のように多くの女性に触れている人間と、あなたのような清僧の念仏は違うのではないか」と問いました。すると法然は「まったく同じです」とこたえました。兼実が「それではあなたの弟子の誰かを私の娘と結婚させてください。そうすれば私の念仏とあなたの念仏が同じであることが立証されます」といった。そこで法然は親鸞を指名し、兼実の娘、玉日《たまひ》と結婚させた。

これは長いあいだ、本願寺でも信じられていなかったけれど、実際、親鸞と玉日が二人で暮らしていたという浄土真宗の寺と浄土宗の寺が、京都・五条西洞院に残っている。そこに伝承が伝わっている。これまでの真宗学は文献のみを重視し、伝承を大事にしなかった。『正明伝』をそれが高田派の本山に伝わるものという理由で偽書とした。文献史学としても甚だ党派的で不完全です。伝承を大事にして文献を深く調べると、真実に突き当たるのです。

『正明伝』によれば、親鸞が北国へ流罪になったものの、九条兼実の娘を北国へ行かせるわけにはいかないので、玉日の侍女の恵信尼《えしんに》を流罪地に送ったという。ところが、玉日は親鸞の流罪中に死に、葬られた寺が京都にあります。玉日が死んだ後、恵信尼が後妻になった。私が調べたところ、玉日と恵信尼はずっと仲がよかった。玉日の墓は東国にもたくさんある。恵信尼は玉日の侍女として、一生、親鸞に仕えたわけです。私は、親鸞によってはじめて仏教における女人の往生が公然と認められたと思います。そこには男女平等という思想があります。

川勝　まさに男女平等の思想です。

梅原　すばらしい思想です。

川勝　すばらしい思想です。たとえば、フランス革命で自由、平等、博愛といいますけれど、平等は男だけで、女は入っていない。参政権が与えられるのは二十世紀に入ってからです。ですから近代初期でもヨーロッパではけっして男女は平等でない。ところが、日本ではすでに平安末から鎌倉のはじめに、男女は同じように往生できると説き、それが広まった。そういう意味で革命的な、人間すべての平等思想の出現です。

激越な平等思想

川勝　西洋は人間中心ですけれども、日本の思想は「草木国土悉皆成仏」です。自然界も人間もみな平等だという。このような平等思想は近代のヨーロッパの思想の中にはないですね。

梅原　ない。

川勝　激越な平等思想です。それだけではなくて、人間が仏になるために何が必要か、念仏だけでいいという。そうすると、いってみれば仏像がいらない、寺院もいらない、仏具もいらない、ということになります。これは内村鑑三の「無教会主義」に似た、いわば「無寺院主義」です。鑑三は天然自然をもって教会だといっている。法然も親鸞も、鑑三の無教会といっしょで、草木国土に仏性があるといっているので、無寺院主義です。だから専修念仏《せんじゅねんぶつ》で、そこで他のものは何もいらない。内村鑑三を先取りしています。

梅原　親鸞は「道場」といっています。決して「寺院」とはいわなかった。それは道を説くわけなので、道場があればよろしいと。親鸞の墓を中心に本願寺という大きな教団がつくられるのは、曾孫の覚如《かくにょ》の思想によります。その思想をもとに浄土真宗という大教団をつくったのは蓮如《れんにょ》です。親鸞の思想には無教会主義のようなところがある。

川勝　ありますね。

梅原　それからもう一つ、「草木国土悉皆成仏」という思想です。これはまさに平等思想です。そういう平等思想は天台本覚思想から生まれ、浄土教にもあり、禅にもある。とくに道元の思想にある。また日蓮の思想にもある。そのように鎌倉仏教のすべての宗派に共通して「草木国土悉皆成仏」という思想がある。そして能にその思想がはっきりみられる。「草木国土悉皆成仏」という思想が芸術で表現されるのです。

川勝　つまるところ、芸術において天台本覚思想が見事に開花した。

美と宗教の不即不離

川勝　こうして、宗教が美を価値とする芸術に昇華していく。私は、仏教が美と結びついた発端は何かということについて思い当たることがあります。日本に仏教が伝来した時に、経典が日本に伝来したということにもまして、欽明天皇が「きらぎらし」といわれた美しい仏像といっしょに入ってきたことです。つまり、日本に伝来した仏教は、ガンダーラの美術を経て造形され、中国や朝鮮半島でさらに洗練されて、美しい仏像をともなっていた。それが日本に入ってきた。仏教と美術とは、はじめから不可分な形で入ってきたということが大きいのではないか、と考えております。

梅原　私は京都哲学にあこがれて京都に来ましたが、西田も田辺も京都が嫌いだったのではないかと思いますね。西田は定年になると鎌倉へ行ってしまった。

川勝　そうですね。

梅原　西田が京都で好きなのは妙心寺だけですね。京都の寺院や仏像を訪ねた跡はない。田辺も定年になると軽井沢へ行き、美としての京都を愛するという思想はなかったようです。京都は自然も美しいし、すばらしい社寺や仏像が多い。そのような美しい自然、すばらしい文化の鑑賞を七十年間、私は楽しんできました。

川勝　おそらく先生は、京都のもつ美しさだけでなくて、もともと、どこに行っても美しいものを見つける目をお持ちなのでしょう。とくに「美の発見」が仏教研究と結びついていたというのは、梅原哲学の形成にとってきわめて大きかったのではないか。つまり、仏教において、美と宗教とが、いわば一体というか、不即不離の関係になっているということですが、それがひろく日本の自然の美と宗教との一体化の発見へつながっていった。

梅原 あなたのおられる静岡県といえば、富士山は日本の象徴ではないかな。

川勝 富士山は日本の国土の象徴、日本の自然のシンボルですね。静岡県に来ていただいた折、先生は色紙に「草木国土悉皆成仏　国土は富士なり」とお書きになりました。その色紙は知事室にかけてあります。

興味深いのは、先生が『美と宗教の発見』をお書きになられた直後に、たてつづけに『隠された十字架』（一九七二年）と『水底の歌』（一九七三年）を出されました。『隠された十字架』で法隆寺論をお書きになったことです。

梅原　それなりに衝撃的な……。

川勝　いや、大変な衝撃で、十字架というタイトルからして、非常に衝撃的です。

梅原　〝隠された十字架〟というのは、イエス・キリストの悲劇のようなものが聖徳太子にあるということと、もう一つ、もしかするとキリスト教ネストリウス派（景教）と関係があるのではないかという二つの意味を含ませています。

川勝　『美と宗教の発見』の直後に、万葉の最高の歌人の人麻呂と、最高の建築の法隆寺とをテーマにされた、ともに日本における……

梅原　最高の美です。

川勝　そうです、法隆寺は日本における世界文化遺産の第一号です。建築と和歌、このふたつの芸術を題材にされています。

『古事記』『日本書紀』と藤原不比等

梅原　奈良時代の偉大な文化遺産として、『古事記』『日本書紀』、そして『万葉集』、それから建築と仏像があります。

最初は『古事記』を研究し、古事記論として『神々の流竄』（一九七〇年）を書き、最近、その論を『葬られた王朝——古代出雲の謎を解く』（二〇一〇年）で訂正しましたが、じつは『古事記』を現代語訳している時、ヤマトタケルの物語がすばらしい文学であると思ったことから、スーパー歌舞伎になった戯曲『ヤマトタケル』が生まれたのです。

『古事記』『日本書紀』の研究で、藤原不比等の権力についてわかってきた。『隠された十字架』や『水底の歌』は不比等の権力を明らかにすることによって生まれたのです。

『古事記』の現代語訳をするまでは、私が歌舞伎を書くなどとは思いもよらなかった。三代目市川猿之助が、新しい歌舞伎を書く作者が見つからないので、「いっそ先生、書いてくれませんか」と私にいった。それは社交辞令で、猿之助は私に書けるはずはないと思っていたが、それを私は真に受けて、書かなければならないと思った。

『古事記』のヤマトタケルの物語は、ヤマトタケルが双子の兄を殺すところから始まり、死後、白鳥になって天高く飛翔するところで終わる。これは猿之助得意の早変わりで始まり、宙乗りで終わる演出が可能である。猿之助歌舞伎にぴったりだと思い、『ヤマトタケル』を書いた。歌舞伎のことをよく知らないので、膨大な原作になった。その原作を読んだ猿之助は「これはすばらしい」といって、約三分の一に圧縮し、スーパー歌舞伎『ヤマトタケル』が生まれた。圧縮されても、台詞はすべて私の原作のままです。まさに瓢箪から駒が出るように生まれた。

川勝　ヤマトタケルは、お父上の天皇にいじめられて、ついに悲劇的な死をとげ、白鳥になって天に昇る、きれいな終わり方ですね。権力に翻弄されたひとりの若者を描かれました。それから『古事記』そのものについても、稗田阿礼《ひえだのあれ》が誰なのかという謎解きがあります。先生は、稗田阿礼とは藤原不比等にほかならない、と喝破された。これは、そう簡単には反証できない、大胆な仮説です。あのころ先生は、上山春平先生と共同研究をされていましたね。上山さんは『埋もれた巨像』という藤原不比等論をお書きになった。上山さんも『日本書紀』を実質的に編集したのは不比等だと、そして上田正昭先生も同じように不比等だ、と論じられた。

梅原　そうです。上田正昭さんは『日本書紀』までは不比等の関与を認めました。

川勝　『古事記』の稗田阿礼は不比等だという説は、お認めにならない。

けれども、反論もされていません。

梅原　稗田阿礼が藤原不比等だというのは、私一人の説ですが、私はまちがいないと思っています。稗田阿礼は太安万侶《おおのやすまろ》よりずっと上の人ですから、ペンネームにしたのです。

藤原鎌足とは誰か

川勝　美の発見についで、政治の発見があったわけですね。藤原不比等という人は、すごい、古代日本の国家デザイナーですね。

梅原　すごい人ですよ。

川勝　すごい人です。彼が『日本書紀』を編集した。

梅原　それはまちがいない。

川勝　これはまちがいない。上田先生もきっちり考証されて、不比等だと言われています。その不比等のお父上が鎌足です。鎌足には少なくともお二人の男の子がいて、一人は定恵《じょうえ》。定恵は孝徳天皇の子供の可能性がある。しかしまちがいなく不比等は鎌足の子です。では、鎌足とは誰なのか、私には上田先生の本を読んでもよくわかりません。

私は『日本書紀』を読みながら、鎌足は余豊璋《よほうしょう》、すなわち義慈《ぎじ》王の息子だと確信しています。豊璋は、舒明三年、六三一年に日本に人質として来ています。豊璋が鎌足だとすれば、鎌足の生年は六一四年なので、来日した時は十七歳。中大兄皇子よりも十歳ぐらい年上です。鎌足と中大兄皇子が知り合うのは、大化の改新、乙巳《いっし》の変の前年の六四四年です。その年までに彼はすでに十三年も日本にいるので、日本語は堪能のはずです。百済王の子ですから、孝徳天皇が軽《かるのみこ》皇子のころに、皇子が病気されたというので、サッと見舞に行ける気楽さで、すぐに皇子に気に入られて、じかにつきあっている。よほどの身分の人でないかぎり、いきなり皇子のところに出入りなどできはしない。まして、軽皇子の寵妃までもらいうけている。中大兄皇子との出会いの記述も、鎌足の身分の高さを示しています。有名な蹴鞠の場面で、そこに鎌足は意図的に出かけて、中大兄皇子の靴が脱げて、その靴をとって鎌足がひざまずいて渡すとき、中大兄皇子も、同じようにひざまずいて、受けとっている。皇子が鎌足に敬意を表しています。中臣鎌足というのはそれなりの背景をもっている人物です。

中臣鎌足は亡くなる時、「軍功の少ないのをお詫びする」と天智天皇にいっています。「軍功」とは一体何か。鎌足が死ぬのは六六九年。六六三年の白村江の戦いの敗戦以外にありません。この国難にあって、鎌足は何をしていたのか、そのことが『日本書紀』に書かれていない。中大兄皇子は、乙巳の変を起こしたあと、百済救援に奔走します。

その背後に鎌足がいたことは疑いありません。しかし、出てこない。

出てくるのは豊璋です。六六三年、中大兄皇子は百済援軍の日本の総大将を豊璋にする。豊璋は百済に渡るや、鬼室福信《きしつふくしん》という、百済の大将から百済王として迎えられて、最後の百済王になります。ところが、二人は仲たがいし、豊璋は鬼室福信の首を斬ってしまう。そして白村江で敗戦。豊璋は高麗に逃げたと書いてあります。しかし、総大将が北の敵軍の方向に逃げますか。私は逃げ帰ってきたと思います。それが「生きては軍国に勤め無し」というお詫びの言葉になった。鎌足すなわち義慈王の息子、百済の王家の血統です。

梅原　たしかに鎌足の出自については謎がある。あなたの説は甚だおもしろい。

川勝　百済王家の在日一世が鎌足、在日二世が不比等と見ています。その不比等は外戚になって、天皇家に食い込んでいく。『日本書紀』では、父の鎌足の亡くなる場面で、天智天皇が弟（後の天武天皇）をよこし、大織冠と、藤原の姓を授けた。中臣の姓では神道以外の仕事はできません。藤原の姓をもらったので、自在に政治に関与できます。そして不比等は天皇家の中に食い込んだ。百済王家は、朝鮮半島で滅亡しましたが、日本列島で藤原一族として再興した。これが『日本書記』を編集した不比等の隠した物語ではないか。

梅原　私は、鎌足についてはそれ以上追究していないけれどね。鎌足は突然出てくる。中臣氏とはいったいどういう人物なのか。もともとは鹿の角で占いをしていたのが、ある時期から亀の甲の占いをする。その新しい占いの術で宮中に入り込んだ種族ではないかと私は考えたのですが、それにしては、ものの見事に権力に入り込んでいきましたね。

川勝　中臣氏の神官職ですが、その後に書かれた斎部広成《いんべのひろなり》の『古語拾遺』では、藤原氏の系統の中臣神道をきびしく弾劾しています。従来の神道をないがしろにした、と。それだけでなく、あらためて、延喜式にあるすべての祝詞を読んでみると、中臣の「祓」は、大祓の祝詞ともいわれますが、この祝詞の中でだけ「罪を祓う」と出てきます。「罪」という字が十数回も出てきます。罪といえば、これは原罪の罪で、キリスト教のにおいがします。他の祝詞のどこにも罪という言葉は、出てきません。

梅原 いわゆる物部《もののべ》神道、卜部《うらべ》神道をまったく変えてしまった。それは祓いの祝詞、律令制と関係があります。罪人を流す。禊というのは一つの刑罰ですからね。それは不比等がやったことでしょうが、鎌足は一体どこから来たのか。鎌足は日本国最大の革命家です。入鹿暗殺はまさに宮廷革命、そのようなことを行った人間が一体どこから来たのか。

川勝 入鹿を皇極《こうぎょく》天皇の目の前で暗殺した乙巳の変で、鎌足自身は柱の陰に隠れて、一切手を下していない。中大兄皇子は斬りつけています。他の人も斬りつけています。鎌足は直接に手をくださない。人を選び、計画を立案し、現場では、それを見守っている策士です。

梅原　大策士ですね。

川勝　非常にこわい人ですね。しかし、天智、天武の両方からお見舞いをもらっているほどの実力者です。

隠された鎌足のルーツ

梅原　少し前から、世阿弥を研究しています。秦河勝《はたのかわかつ》、それはあなたの祖先でしょう。

川勝　私の祖先です。先生は先に『河勝』というスーパー能をおつくりになった。大阪城の公園で上演されたのを家族で拝見して、感動しました。今度は、本格的なスーパー能の『世阿弥』を仕上げられたそうですね。是非、それも拝見したいものです。

梅原　河勝が流されたという伝承がある兵庫県・赤穂の坂越《さこし》という地を

訪ねました。そこに生島《いくしま》という、前方後円墳のような形をした島がある。そこに河勝の墓があり、入ってはならない禁足地とされている。その側にある大避《おおさけ》神社が河勝の魂を鎮めている。皇極三年に河勝がそこに流されたという伝承があるのです。それでその鎮魂の祭りがずっとあるわけです。それは本来、人身御供の神楽です。

川勝　六四四年で、乙巳の変の前年。その一年前の六四三年に、山背大《やましろのおお》兄王《えのおう》一家が滅ぼされています。

梅原　皇極二年に聖徳太子一家が殺され、同三年に河勝が流された。四年に蘇我一家が滅ぼされるという政治的な謀略がつづきました。まず蘇我氏の精神的シンボルである太子一家を滅ぼした。それから、太子一家の経済的なバックである河勝を流罪にし、そして蘇我一家を裸にして滅ぼした。見事な戦略です。鎌足というのは甚だ思慮深い謀略家ですね。日本に類がないです。

川勝　その当時の百済の状況は、新羅と唐から攻められて風前の灯です。鎌足すなわち豊璋は、自分の父の義慈王がどんどんと追いつめられていっているので、日本にいながら気が気でなかったと思います。なんとしても母国の百済を助けなければいかん、援軍を送らなくてはいけない。新羅系といわれる河勝を敵とみて、新羅系と対抗する味方として、最初は軽皇子（孝徳天皇）に目をつけた。けれども頼りない、それで中大兄皇子に目をつけて、たきつけた。

梅原　それで百済救援になったわけですか。

川勝　そうですね。救援の場面で、豊璋がでてきて、総大将に選ばれる。百済に渡ったとたんに百済王。唐と新羅の連合軍を前にして、鎌足はなんとしてでも故国を救うという一心で、百済に援軍を率いた。その前に、六六〇年に百済は基本的には滅ぼされ、義慈王も捕虜になってつれて行かれており、実際は形のうえで百済王国は滅んでいましたが、遺臣が残っている。遺臣の名将の鬼室福信が、日本にいた人質の豊璋を、中大兄皇子に頼んで日本の援軍の総大将として送ってもらい、百済王として手厚く迎えて、反撃を試みた。その途中、二人のいさかいが起こって、名将を殺してしまい、その後、自滅。百済の人たちは、日本に大量に逃げてきています。その時に豊璋は、『日本書紀』では北に逃げたとある。『三国史記』に「身を脱して走る、所在を知らず」とあるのですが、北の高麗に走ったとも書かれており、要するに不分明です。

鎌足は乙巳の変の後、『日本書紀』にほとんど出てこない。敗戦後に、唐の将軍が来たとき、迎える役の一つをやっています。あとは死を前にした病気の記事になって、死ぬまぎわ、天智、天武の二人からお見舞いされる。藤原の姓と大織冠をもらい、これ以上のない栄光に輝いてこの世を去る。不比等がそういう形で書かせているのです。

不比等が自分の父の出自をはっきり書けないのは、百済王の子とはいえ、外国人だからだと思います。編集している不比等の意図が見えます。『日本書紀』での鎌足の登場は、いきなり孝徳天皇との出会いですから、はじめから檜舞台です。中大兄皇子との出会いも鎌足のことをことさらよく描いていて、中大兄皇子が鎌足を尊敬する形での関係として書かれています。二人が仲よくなって、宮廷革命で蘇我宗家を滅ぼして主導権をにぎり、百済救援に乗り出す。そして栄光に包まれて生を終える。『書紀』における鎌足は大英傑です。けれども、一番肝心な出自、系譜が書かれていない。書けない理由があった。

梅原　それは面白いね。

弥勒思想の謎

川勝　さきほどのネストリウス派キリスト教ですが、その痕跡が仏像に残されていませんか。聖徳太子が秦河勝に渡した仏像が、広隆寺の弥勒菩薩ですね。宝冠をかぶった弥勒菩薩。

梅原 もう一つある。

川勝 泣いているような弥勒菩薩ですね。宝冠の弥勒よりも、小ぶりですが、牛皮をまとっていることに注目されましたね。

梅原 そうです。

川勝 先生は、聖徳太子が亡くなって、それを悼んで悲しんでいる河勝の姿ではないかといわれています。泣き弥勒は牛皮をまとっている。河勝が流された坂越にある神社名の大避を、音読みすればダイヒ、それはダビデのなまりでしょう。言い換えると、そこに中東の宗教思想が入りこんでいる。そうすると、考えられる宗教は、七世紀の初めに来ていたとみられるネストリウス派キリスト教が有力候補です。これはキリスト教ということになりますね。

梅原　だから牛を食べていたのでしょうね。

川勝　肉食だから、仏教とは違う。

梅原　当時はそれも仏教だと。

川勝　なんでも「〇〇寺」と、寺の字を使いますから、仏教だと思われた。

梅原　お寺というが、じつはキリスト教ではないかと。とくに大避神社では、井戸の石が十二本、階段も十二、すべてが十二なのです。だから賽銭も一円二十銭とか、十二円とか、十二の倍でなければいけないのです。そして大避神社の神事をずっと行ってきたのが、河勝の弟子とされている十二軒の家です。いまでは三軒ほどしか残っていないけれど。それはけっして偶然ではない。キリスト教ネストリウス派のにおいが十分ある。

川勝　キリスト教以外に、もう一つ、候補があります。ゾロアスター教です。先生はニーチェを若い時からずっと読まれています。ニーチェの

『ツァラトストラ』というのはゾロアスターのドイツ語読みですね。ゾロアスター教で信仰されている神の一つが、弥勒の語源のマイトレーア。マイトレーアはミトラのなまりです。これが漢字表記では弥勒です。弥勒菩薩というのは、五十六億七千万年後に、兜率天《とそってん》から人類を救済するために下りてこられる。メシアの思想と同じですね。この思想は仏教と関係ない。先生がさきほどいわれた親鸞の往還の思想、往相と環相とかからなる往還の思想もそういう脈絡でもとれます。

メシア思想の脈絡でとれるとすると、田辺さんのように、近代日本の思想家が親鸞に傾倒したのは、これも先生はどこかでお書きになっていますが、キリスト教の西洋思想と、親鸞の思想とが似ているところがあるからだと。罪意識とか、とくに懺悔をするところなどは、そうですね。親鸞の往還の思想も、どこかメシアの再臨の思想に非常に近い。けれども、弥勒思想には、ゾロアスター教の影響もぬぐいきれません。

日本に弥勒思想が入ってきたときに大人気となります。仏様が救いに下りてこられるのですから。ただ、それはあまりに遠い先のことなので、末法の世になって、救済が間にあわないということになって、日本人は、弥勒浄土から阿弥陀浄土に乗り換えた。弥勒さんから阿弥陀さんへの信仰の変化は、当時の人々の心に即してみれば、非常によくわかる。けれども、天に上った仏が、救済のために戻ってきてくださる、という思想は、中東のメシア思想に淵源があるのではないでしょうか。

梅原 そうかもしれないね。

川勝 ニーチェは「神は死せり」といいました。そのときに死んだ神とは、どういう神なのか。キリスト教徒の神ではないのか。『ツァラトストラ』の神はゾロアスターの神です。ゾロアスターはセム系のイエス・キリストとは違います。アーリア系ペルシャ人です。ドイツ人もアーリア系で、インド・アーリア系語族の発見は十八世紀末ですから、近代ドイツ人にアーリア系という新しい民族意識が確立した。これは一種の民族文化革命です。アーリア系のゲルマン民族ドイツ人にとっては、本来、自分たちの神は、セム系のユダヤ民族の信じる神とは異なる。キリスト教の神は、自分たちには無縁だから、キリスト教の神に見切りをつけて、神を殺し、ゾロアスターすなわちツァラトストラの神に乗り換えるという意味合いをもっていたといえませんか。

梅原 それは必ずしも……。ヘルダーリンは晩年、西洋というのは死の国で、キリスト教は日没するところの宗教であると考えていたようです。

藤原氏が百済の一族だというあなたの説は、そこまで断定できるかどうかわからないけれど、面白いね。私は『葬られた王朝』で書きましたが、出雲のスサノオは新羅の人です。それはまちがいない。出雲王朝はだいたい新羅系ですね。ヤマト王朝はどちらかといえば百済か、中国本土かもしれないけれど、南ですね。その違いがあるような気がする。

『海人と天皇』のテーマ

川勝　いずれにせよ、海を渡ってきていますね。謡曲の中に「海士《あま》」という曲があります。淡海公《たんかいこう》、すなわち不比等ですが、その息子の房前《ふささき》が、自分の生母を求めて讃岐の志度《しど》の浦に行きます。淡海公がその土地の海人の女性とちぎって子を生んだ、それが自分すなわち房前だ、と。母を求めて海を渡った話です。その中に、淡海公の妹君は唐の皇宗の妃だと書かれてあります。大陸系の人という紹介がされていますね。

梅原　私は『海人と天皇』（一九九一年）で、不比等が養女にした海人の娘を文武《もんむ》天皇の妃にしたということを書きました。

川勝　そうでしたか、『海人と天皇』のテーマがそれでしたか。なるほど。

梅原　海人の娘である髪の長い美人を不比等が養女にして、文武天皇の妃にしたという伝承が、安珍・清姫の物語で有名な道成寺にあります。その女性が宮子《みやこ》です。宮子は藤原不比等の長女となり、聖武天皇の母親になったのに、差別されている。明らかに不比等の子である光明子《こうみょうし》は、聖武天皇の妃となった光明皇后ですが、宮子は光明皇后とは違い、どこか差別されているのです。光明皇后については興福寺にはっきり由緒のある建物があるのに、宮子についてはそういうものがない。それゆえ道成寺に伝わる伝承は事実ではないか。海人の娘の話と、房前の話がつながるのです。

美と利が合致した富士山

川勝　飛鳥、奈良の時代に、はるばる海を渡って、中国、朝鮮半島にとどまらず、西は中東のネストリウス派キリスト教、ひょっとするとゾロアスター教まで、もちろんインドからは仏教で、ユーラシア大陸各地のいろんな宗教が入ってきた。それをどう日本人が集約したか。先生の観点は美です。

梅原 そうですね。

川勝 その背景には縄文文化や神道の思想がある。日本は海を媒介にしていろいろな文物を入れてきたわけですが、奈良時代にすでにユーラシア大陸にあった思想のほぼすべてのものが、海と陸のシルクロードを介して、大和の奈良の盆地に入ってきて、それを編集して、日本という国号と、天皇という称号を作った。そのような政治体制の背景にある日本の哲学の根底にあるのは美である。

梅原 そうです。芸術ですね。『古事記』も芸術品です。また仏教美術では木造彫刻がすばらしい。奈良時代に行基が作ったとされる木彫仏がある。頭部が長かったり鼻が大きかったりする甚だ個性的な木彫の仏像です。それらは従来、平安時代の作とされていたが、美術史家の井上正さんが、伝承通り行基あるいは行基集団の作と断定した。中国にはその当時、仏像を作るための巨木がなかったが、日本にはたくさんあった。仏教を民衆化しようとした行基が手近にある木で仏像を作ったにちがいない。それを考えなければ、平安時代に空海などによって仏像が木彫一辺倒になった歴史が理解されない。

歴史書でも、最初の歴史書である『古事記』はすばらしい文学です。そういう意味では、日本というのは、川勝さんがおっしゃるようにすばらしい芸術の国だといえる。そして自然が美しく、生きとし生ける植物、鳥や獣がまた美しい。一つの美の世界です。

富士山も日本の最大の美ですね。そして富士山は火山だから生きている。富士山といえば、太陽、それから雪すなわち水です。太陽と水が一体となった神です。雪は水になって、平野に流れ、稲作農業にもっとも必要な水をもたらす。富士山というのは、美であると同時に日本の農業の神である。美と利が合致したような存在です。

川勝　真・善・美ではなくて、美と利。利が入るんですね。これは面白いですね。創価学会の基礎をつくった牧口常三郎の価値論がそれですね。仏様のご利益（笑）。

梅原　自分を利するとともに、他人も利する。自利と利他、その調和、それが仏教の秘訣だと思います。

川勝　利他のみならず自利、なるほど。美と利の調和という意味で、富士山は文化遺産でいいんですね。

梅原　文化遺産です。日本の優れた詩人が富士山を歌い、すぐれた画家が富士山を描いている。聖徳太子も富士山に登ったという。太子の人生を考えるとあり得ないように思われますが、太子伝説にはたしかに、太子は馬に乗って富士山の頂上に登ったとある。

川勝　富士山を描いた最初の絵が、なんと聖徳太子の富士山越えなんです。聖徳太子が富士山に登った最初の日本人ということです。あの聖徳太子の富士山越えは、日本平《にほんだいら》から見ているのではないかな。

梅原　日本平というのはどこにあるのですか。

川勝　日本平は静岡市です。旧清水市と旧静岡市の間にある標高三〇〇メートル余りの山です。日本平はその昔、ヤマトダイラといいました。なぜかというと、ヤマトタケルが来たからという。ヤマトタケルが東征に行く時に、そこで馬を休ませようとして、馬の手綱を解いた。そうしたら馬が逃げた。それで、いまでも日本平の地名は、昔から馬走《まばせ》（現・静岡市清水区）といいます。日本平の麓に草薙《くさなぎ》神社もあります。先生には前は焼津《やいづ》に行っていただきました、そこには焼津神社があり、そこにも草薙の伝説がありますが、日本平にもあるんです。

ヤマトタケルの馬が逃げた。その馬はどうなったのか。「聖徳太子は甲斐の黒駒に乗って富士を越えた」という伝承ですが、なぜ馬か、それはヤマトタケルの馬を休ませたという伝承とかかわらせたものでしょう。もうひとつ、なぜ聖徳太子か。

それは、「和をもって貴しとなす」という、「十七条の憲法」の第一条で、「和」という価値と聖徳太子とのかかわりです。富士山も、美しく、孤立峰で、どこから見てもきれいで、調和しています。あるいはどこから見ても最高ですから多様性の和です。「和」という価値を富士山から取り出すことができます。富士山のもっている声なき声としての和という価値が、聖徳太子の「和をもって貴しとなす」哲学とぴったり合ったのではないか。

梅原　それはロマンチックな話ですね。

川勝　そうでもいわないと、説明ができません。富士山を描いた一番最初の絵が、なんと馬と聖徳太子がらみなのです。

梅原　太子伝にしても、前後の脈絡がなくて、突然出てくる話だからね。

謎多き秦河勝

川勝　前後の脈絡もなく、突然に出てくる話といえば、駿河に河勝が行ったという『日本書紀』の記事もそうです。富士川あたりでいかがわしい人物を河勝が退治したと書かれています。駿河から都に帰った河勝が、聖徳太子に富士山の話をした可能性があります。ただし、河勝が富士にいったのは六四四年の記事ですから、聖徳太子はもう亡くなっています。年代は合いませんが、そのあたりの記述から、伝承ができたのではないか。

河勝の富士川付近での悪人退治の話は、先生によれば、河勝の坂越へ流されたことの言い換えだと解釈されています。けれども、なんで駿河の富士川が出てくるんでしょうか。

梅原　それはわからないね。

川勝　わかりませんね。

梅原　河勝の最後の話がよくわからないんです。富士川あたりで河勝が大生部多《おおふべのおほ》を退治したと『日本書紀』に書かれている。ところが、河勝はその年に坂越に流されて死にます。あれは謎です。

川勝　その同じ年に河勝がいた場所が、書紀によれば、富士川あたりです。

梅原　その場所に一度行ってみたいな。いま、電車で行けますか。

川勝　東海道線の富士川駅で下車して、あとは車になりますね。

日本平は、谷を隔てた向こうに、久能山《くのうざん》東照宮があります。河勝の子か孫かにあたる河勝久能が、やはり静岡に来ています。浜に流れついた仏像を安置した。それが久能寺の始まりで、久能山東照宮の起源です。

梅原　それは初耳です。

川勝　そういう伝承があります。久能寺は明治の神仏分離で廃寺になるところを、山岡鉄舟が守らないといけないと、日本平のふもとに移して、いま鉄舟寺といっています。久能山東照宮のもとは久能寺です。河勝久能の創建だというのです。

梅原　河勝には三人の子供があって、一人は長谷川党の武士に、もう一人は雅楽師の東儀に、三男が能楽師の金春《こんぱる》になったという。もう一人いるのですか。

川勝　息子ではなく、秦河勝の娘の流れでしょう。河勝は、苗字でなく名前ですが、私の川勝平太のように姓になっています。川勝の姓は、その娘に由来するものだと思います。『更級日記』の作者は菅原孝標の娘、『蜻蛉日記』の作者は藤原道綱の母というでしょう。当時は、娘が結婚しても夫の姓にかえません。八十三歳まで生きた秦河勝の子供が、男子だけだったとは思われません。河勝の娘の子の系列が、川勝を苗字にするようになったと思います。桂川の保津峡の向こう側に亀岡盆地が広がっています。その旭村（現・亀岡市）に上所の川勝、南の川勝、本郷の川勝などで、私は本郷の川勝の流れです。

梅原　すごい人物ですね、河勝は。

川勝　それよりも、もっとびっくりするのは、聖徳太子が富士山に登ったという伝承です。伝承が絵になって残り、また、秦河勝が坂越に流されたという伝承もあり、どちらも驚きです。河勝は流される、つまり、没落する。その話を、なぜ富士に求めたのか。

梅原　とにかく河勝には謎が多いです。子孫が今もいるのだから。聖徳太子の子孫なんていないですよ。藤原鎌足の子孫はいるけれど……。

川勝　広隆寺に河勝のもらった半跏思惟像があり、そこには秦河勝夫婦の座像もあり、河勝本人については、伝承ではなく、しっかりとした存在です。

梅原　そのあなたがまた河勝と因縁のある静岡県の知事になって。

川勝　先生のせいですね。日文研（国際日本文化研究センター）で落ち着いていたんですが、静岡文化芸術大学の学長としての招きがあって、正直ぼくは迷いました。日文研顧問の先生が「友人の高坂正堯君がつくった大学だし、芸術文化の大学なので、行きなさい」、この一言で衆議一致、決まりました。

梅原　祖先がそのように導いたのかもしれない。

川勝　秦河勝と静岡県との縁は、静岡に行ってはじめて自覚させられたんです。そうしたら今度は先生が『翁と河勝』（二〇〇八年）を書かれたので、またびっくり。

梅原　富士山は文化遺産にする価値が十分にありますね。

川勝　「草木国土悉皆成仏」の草木国土、とくに国土の一番美しいものとして日本人が崇めてきたのが富士山です。仏のような精神性をもった、仏性の代表として富士山が文化遺産になる。それは天台本覚思想によって理論づけられます。

「草木国土悉皆成仏」を基礎として

梅原 西洋の思想は人間中心主義です。人間が自然を支配することを善と考える。根本的にヘレニズム、ヘブライズムに共通の思想です。それは農耕の思想ではなく、だいたい牧畜の思想です。ユダヤの民は放浪する牧畜民で、ギリシャは海賊国家です。海賊が攻めていって植民地を作る。海賊国家と遊牧民国家、そういう国家の思想が近代思想になり、それが科学技術文明を生みました。それは人間中心の、自然を軽視した思想ですね。

そういう思想では、人類はもうやっていけなくなっている。原初の思想に帰らないといけない。原初というのは狩猟採集文化ですね。そこでは人間と自然が共存しているのです。共存しないと生きていけない。魚も、必要以上に獲りすぎてはいけないのです。そういう生態学的な知恵は、アイヌ社会で非常に発達していました。

そのように人類が自然と共存していくための知恵が、狩猟採集社会、人類最初の文明の知恵です。しかし牧畜を基盤とする文明になると、人間が偉くなり、人間が自然を支配するのがよいことと考えられる。そのような思想のもとに生まれた科学技術文明は人間に多大な恩恵をもたらしたけれど、もうそれではやっていけない。ところが人間社会はそれをまったく反省していない。そしてまた、いま世界を支配しているのは国家主義です。ホッブズは国家を怪物にたとえた。つまり、自然征服の思想と、国家という怪物の思想が、いま世界に横行しているのです。

人類は文明の思想を学び、それを科学技術と共存させなければならない。狩猟採集文明のうえに農耕文明が立っている。日本で栄えた稲作文化は縄文文化を受け継いでいる。それは日本の神道、仏教の中にも深く入り込んでいる。そういう思想に帰らないと、人類の存続、文明の発展は不可能ではないかというのが、最近大変強くなってきた私の信念です。残された時間は少ないけれど、そのようなことを西田幾多郎のようにきちんとした哲学にして、人生を終えたいと思っています。

川勝　私は、「草木国土悉皆成仏」というのが日本の一番の基礎になる哲学だという、この梅原哲学、これで理論武装して、自然界に仏性すなわち精神性を認め、その自然の代表である富士山は文化遺産なのだということをＰＲし、発信していきたいと思っております。

――どうもありがとうございました。

（二〇一三年二月十七日　於・ウェスティン都ホテル京都「佳水園」）

Ⅱ　日本文化に根ざした「平和」の発信

梅原 猛
川勝平太

中曽根元首相と国際日本文化研究センター

――Ⅰでは、日本の「文化力」というテーマで、古代の日本から説き起こされました。今日は、もう少し補足するところがございましたら、お話をいただきたいと思います。

川勝 前回の対談は、富士山が世界文化遺産に登録される前のことでしたが、その後、二〇一三年六月二十二日に、カンボジアのプノンペンで開かれたユネスコ世界遺産員会で「富士山――信仰の対象と芸術の源泉（英語の正式名称'Fujisan: sacred place and the source of artistic inspiration'）」として、全会一致で正式に登録されました。委員全員が賛成意見を述べ、「世界遺産をまとめた一冊の本が出されれば、表紙にふさわしいのは富士山！」という発言もありました。

その日から二年目の二〇一五年六月二十二日の富士山世界遺産登録二周年の記念日に、富士山を望む日本平の山頂で、先生の揮毫《きごう》になる「草木国土悉皆成仏　国土は富士なり」を刻んだ石碑が披露されました。「草木国土《そうもくこくど》悉皆成仏《しっかいじょうぶつ》」とは、人間はもとより、生きとし生けるものを含む国土をつくりあげているすべての存在が平等であるということ、「国土は富士なり」とは、富士山が日本の国土の象徴であるということです。それに先立って「富士山の日（二月二十三日）」に、中曽根康弘元首相が揮毫された「日本一の眺望の地　富士山」を刻んだ石碑が立ち、戦後日本を代表する政治家と哲学者の揮毫になる石碑が二つ並びました。いずれも県民有志の希望とご寄附によるものです。

梅原　川勝知事の依頼で、中曽根さんの石碑と並べたいといわれ、お引き受けしました。私は、中曽根さんを戦後の日本の首相でもっともすぐれた首相だと思います。

中曽根さんは旧制高校出身者ならではの教養を持ち合わせておられる。旧制高校の学生は、「デカンショ、デカンショで半年暮らす、あとの半年は寝て暮らす」と高歌放吟しました。デカンショとは、デカルト、カント、ショーペンハウエルのことで、一年のうち半年は哲学を一生懸命勉強し、あとの半年はゆっくり暮らそうという意味です。そういう旧制高校の雰囲気のなかで哲学を勉強した中曽根さんは思想が分かる。

中曽根さんと何度か対談をしたことがありますが、このような話をされました。「サミット（先進国首脳会議）の成否は公式の会議のみで決まるのではなく、控室で首脳同士が行う雑談も重要である。レーガン米大統領やサッチャー英首相やミッテラン仏大統領が誇らしげにシェイクスピア劇やギリシャ神話について話しているところに割って入り、日本にもギリシャ神話やシェイクスピアに劣らない文化、たとえば『源氏物語』、芭蕉の俳句など、すばらしいものがあることをアピールする。そうすると、公式の会議でも存在感を示せる」と。
京都の「国際日本文化研究センター」（以下、日文研）は一九八七年に創設されました。当時の中曽根首相は、日本の伝統文化がいかに世界に誇れるものであるかを追究する研究所が必要だと考えた。中曽根首相は京都学派を高く評価し、京都で活躍していた学者、吉川幸次郎、貝塚茂樹、桑原武夫、上山春平、梅棹忠夫や私の本を愛読しておられたが、その縁で、中曽根首相と桑原武夫をはじめとする京都学派の学者との懇談の席が京都・野村別邸で設けられ、その席上で、桑原氏から国際的な日本文化研究所創設の提案がなされると、中曽根首相は即座に応じ、困難きわまりないと思われていた創設のための調査費がついて、創設の運びとなりました。

川勝　中曽根首相は、どなたかが言いだすのを待っておられたのですね。会合に同席されていたのは、先生以外にどなたでしたか。

梅原　京都学派では、貝塚茂樹、今西錦司、桑原武夫、上山春平、梅棹忠夫。

川勝　錚々たる京都学派の方たちですね。

梅原　このような京都学派の学者の著書を中曽根さんは読んでおられたのです。

川勝　中曽根首相は京都学派の仕事を踏まえて、日本の文化を国際的に発信する研究拠点をつくりたいという意向をおもちで、それで日文研ができたということですね。

梅原　ええ。中曽根さんのおかげで日文研はできた。

「政治は文化に奉仕する」という中曽根名言

川勝　近代日本の学問は、福沢諭吉が『学問のすすめ』で洋学を奨励し、明治政府は西洋の科学技術文明を学ぶ学制をととのえ、西洋の学問を翻訳し、紹介し、解説することに努めました。それは東京大学の学風です。それと一線を画した京都学派は、戦前では西田幾多郎や田辺元、戦後は先生、今西錦司、桑原武夫、梅棹忠夫など、綺羅星のような学者群を輩出しました。中曽根元首相は京都学派を評価される半面、母校の東大の学風をあまり評価していなかったということでしょうか。

梅原　どうでしょうか。世界の文化を理解しながら、自国の文化を評価するというのが京都学派の立場です。そう中曽根さんは見ていた。

川勝　野村別邸の会合は何年のことですか。

梅原　昭和五十九（一九八四）年の秋です。

川勝　中曽根内閣の誕生は昭和五十七年なので、首相に就任して二年目ですね。中曽根内閣のころの日本は、オイルショックを先進国の中でもっとも見事に乗り切って、先進国の中でも存在感が高まっていました。

梅原　そうですね。中曽根首相はレーガンと親しく、ミッテランとも大変親しかった。ところがレーガンとミッテランは、あまり仲がよくなかった。中曽根さんがレーガンとミッテランの間を取り持ち、レーガン、サッチャー、ミッテランと、西側諸国が結束した。その結束により、ソビエト連邦は崩壊したのだと思います。ゴルバチョフがソ連崩壊の功績者とされていますが、西側の功績者は中曽根さんでしょう。このように西側諸国の結束を固めるというみごとな力をもっていたのは、日本の歴代首相のなかで中曽根さんだけだと思います。中曽根さんは「政治の目的は文化に奉仕すること」と語っていました。そのような中曽根さんに、私なら文化勲章を差し上げたい(笑)。

中曽根さんは、戦時中の排外的なナショナリズムに陥らず、また戦後に流行した丸山真男のような西洋中心の近代主義に陥らず、世界に十分通用する日本の文化をよく理解して、それを発信する研究所が必要だという。国際性と学際性にもとづく日本文化の理解は、今日の日本の政治家にとっても大事なことです。

日本は世界に何を発言し得るか

川勝　中曽根首相にも先生にも、日本文化は世界に通用するという強い信念があります。西田幾多郎は、西洋哲学に通じていたのに、かぶれず、日本の禅から哲学をたてました。先生も西洋哲学を修めた上で、日本の古典や仏教学に没入して「梅原日本学」をたてられた。今西さんは、ダーウィンの進化論を読みこみ、それを批判する「棲み分け論」を、梅棹さんはトインビーの『歴史の研究』を読んで独自の「文明の生態史観」を立てた。もっとも、日文研の初代の教授陣は、京都学派というより、全国津々浦々から、一流の現役学者を集められましたね。各地の大学の看板教授を引き抜き、すごい存在感でした。

梅原　少数精鋭主義で、最初の教授は十五人です。草創期のメンバーのうち、これまで私を含めて三人が文化勲章を受章しました。

川勝　日文研の創設に貢献された中曽根内閣の時に有名なプラザ合意がありました。一九八五年です。先進国が、日本経済をターゲットに円高誘導を決めた会議です。ドル安・円高が決定され、日本製品の価格がドル表示で、わずか一年で、二倍にもはね上がり、日本製品は西洋市場に入りにくくなった。日本は先進国首脳から懇請され、その要請を飲んだ。それは、ものづくりにおいて、欧米先進国が日本の実力の前に公式に兜を脱いだということです。

まさに中曽根内閣の時代に、明治以来の「西洋に追いつく」という目標を達成し、日本には勝てないと欧米先進国が認めた。日本は自他ともに認める先進国になった。それが一九八五年のプラザ合意の歴史的意味です。中曽根内閣は日本近代史の分水嶺に立っていた。日本は、経済力だけでなく、文化力を世界に示すことが課題になり、中曽根首相はその処方箋を京都学派に依頼し、京都に日本文化を国際的・学際的・総合的に研究し発信するセンターができました。日文研の初代所長として、どういう姿勢で研究所を運営されたのですか。

天台本覚論とギルガメシュ神話

梅原　諸外国のことをよく理解したうえで、国際的な視野で日本文化を研究する学問をめざしました。私は所員に自分の思想を押しつけることはなかったものの、皆、私の精神は理解していました。そのうえで自由にやってほしいという方針でした。

私は哲学者です。日本には西田幾多郎が築いた西田哲学があります。

西田哲学は大変すぐれたものですが、事実にもとづいて検証されることがないのが欠点です。そして西田哲学は難解です。西田哲学にはこのような二つの欠点があります。私はまず事実で検証することができ、そして誰にでも理解できるような哲学をつくりたいと思いました。それゆえ、日本思想、日本文化の研究をしてきた。もっと早く終えられると思っていたが、結局、五十年ほどかかりました。八十歳になったころにようやくわかったのは、端的に言うと、日本の思想の核になっているのは「草木国土悉皆成仏」という考え方だということです。それは天台本覚論の思想です。

天台本覚論の根底には日本の伝統に基づいた神道的なものがあります。それが外来の仏教を変質させた。神道的なものとは、一種の原始的なアニミズムです。アニミズムの伝統的な神道が仏教を変質せしめてできたのが天台本覚論です、これこそ、日本思想の根本であると思うにいたりました。

富士山は、甚だ神々しく、深く高い山で、縄文的です。山から湧き出る水によって稲作が可能になりました。富士山の雪が解けて豊富な水がもたらされる。その水で農業が行われる。富士山は、山の縄文文化と水の弥生文化が融合した日本の象徴なのです。富士山を国土の象徴とする日本の中心思想が「草木国土悉皆成仏」です。自然の中に神仏を見るという思想であり、ヨーロッパの思想とは異なります。

かつて私は、人類最初の都市文明を生み出したメソポタミアのシュメールに伝わる世界最古の物語である「ギルガメシュ叙事詩」をもとに物語を創作しました。その作品『ギルガメシュ』を手塚プロダクションがアニメ化を考えているという話もありましたが、私もこの作品を舞台化したいと考えています。

「ギルガメシュ叙事詩」で語られるのは、一つは自然征服の思想です。

もう一つは、人間は死すべきものだという思想です。シュメールの王位に就いたギルガメシュが最初に行ったのは森の神フンババの殺害です。彼は親友である半人半獣のエンキドゥとともにみごとにフンババを殺すが、結局、エンキドゥはフンババの祟《たた》りによって死ぬ。ギルガメシュは、死んだエンキドゥがいるあの世を訪ね、冥土の王・ウトナピシュティムから不死の薬を手に入れるが、帰る途中で蛇に奪われてしまい、むなしく都に帰りました。人間は死すべきものであるという思想がそこで強く語られているのです。

古代ギリシャの考え方は、人間は死すべき存在であるというものでした。ホメロスの『オデュッセイア』などにははっきり語られています。ところが、古代エジプト思想の影響を受けたと思われるプラトンが、最終的に、人間は不死であるという思想を説きます。イデア論です。キリスト教も、人間は不死であるというプラトンのイデアの影響を受けた。それ以降の西洋思想には、人間が自然を征服するのは善であるという思想と、人間は不死であるという考え方とがあります。

一方、日本の天台本覚論は、人間ばかりか草木も国土もすべて仏になり神になるという思想です。そして、人間は死すべきものであると考えられています。親鸞の思想も、根本は、人間はあの世へ行き、再びこの世へ還ってくるというものです。人間はあの世とこの世を無限に往復するものだと考えた。人間が不死とは考えていません。日本には、すべての自然は仏であり神であるという思想と、人間は死ぬものであるという思想があります。遺伝子は生まれ変わり死に変わりして、永遠の旅を続けます。それは日本の伝統的な思想に即しています。

人間が自然を征服するのが善であるとともに、人間は不死であると考える西洋思想は、これからの人類哲学として不適当ではないか。すべての生きとし生けるものに神仏が宿ると考える思想や、人間は生と死を無限に往復すると考える思想の方が、現代科学にも合っています。

川勝　先生の『ギルガメシュ』は戯曲ですが、文明論でもあり、大著です。ギルガメシュが、森の神フンババを殺す、言い換えると自然を征服する。自然征服の原型の思想を示した神話ですね。それが西洋の後の自然に対する態度の根幹になり、近代の自然科学を支える自然征服の基にもなりました。ギルガメシュにそれを見出されたのは、大きな発見でした。私たちは『旧約聖書』を通して西洋の自然観を学んだつもりになります。それに先立ってギルガメシュ神話があり、先生がその神話の構造を見抜かれて、西洋の自然観の原型が知られるようになりました。

それに対して、先生は森を大事にする日本の縄文文化を対置されます。三内丸山遺跡（青森県）では、縄文時代にはクリ林が造林されていました。それ以前の三内丸山はブナ林であったことは安田喜憲さんなどの花粉分析によって知られています。三内丸山の縄文人はクリの森をつくっていた。縄文海進でそこに縄文人が住めなくなって放棄されると、三内丸山は元のブナ林に戻りました。

クリを植林していたので、いわば森の庭「フォレスト・ガーデン」です。比較文明史的にいえば、「森を壊す文明」と「森を育む文明」の違いです。天台本覚論は、一見、中身はアニミズムのようですが、アニミズムというと原始社会の劣等な宗教だと思われがちです。しかし、高等宗教の仏教を媒介にしています。そのエッセンスが「草木国土悉皆成仏」です。それは、縄文以来のアニミズムが、仏教を媒介にして理論化されたものですから、原始的なアニミズムではありません。

梅原　そうですね。それこそ、現代文明を救う思想だと思います。アメリカは広大な森林地帯であったのをほとんど開拓してしまいました。ところが日本は、徳川以降に森を破壊したものの、現在まだ国土の三分の二は森林です。すばらしいことです。これはやはり、森には神がいるという古来の信仰が今も残っているからではないかと思います。日本の文明は、森の神フンババを殺した西洋文明とはまったく異なります。そして中国の文明とも異なります。日本列島でこそ花咲いた甚だ特殊な文明だと思います。私は、日本文明の中に、将来の人類に必要な思想があると考えています。

西洋の森は再生林

川勝　キリスト教の根本に「原罪」があります。アダムがイブにそそのかされ、その前にイブが蛇にそそのかされて、アダムもイブも神の命令に背いたことが原罪だとされる。『旧約聖書』の語る有名なシーンです。しかし、アダムが神命に背いてリンゴを食べたことをもって人類の原罪というのは、どうも話としては頼りない。それよりも遠い昔に、中東で森の神フンババを殺し、森を破壊した。そのぬぐいがたい罪の記憶があるのではないでしょうか。森は生命の水の源です。森を壊せば洪水が起こります。ノアの方舟は洪水から逃れる話ですが、洪水がおこったのは、森を破壊したからです。

日本では「山は高きがゆえに貴からず」と言われ、「鎮守の森」として裏山の緑を大切にします。緑の森が水源だからです。森をつぶすと大地が裸になり、水が枯渇し、稲作もできず、生きていけません。

レバノンスギの森を壊して中東は砂漠になった。その勢いで地中海周辺の森を破壊して乾燥地帯にかえ、アルプス以北の森を壊して牧場にし、産業革命で木材を使いはたして石炭を燃やし、果ては大西洋をわたって、アメリカ大陸の森林の大半を破壊した。一貫して生命の森の破壊活動を続けてきました。西洋の歴史は、森をこわし新しい森を求めてきた数千年であったと総括できます。

梅原　それは近代西洋の運命ですね。破壊しすぎた森を再生してできたのが現代のヨーロッパの森です。ハイデッガーらが森の思想を語るときの「シュヴァルツヴァルト（黒い森）」は再生林であり、日本に多い天然林ではありません。ハイデッガーは晩年の著作『森の小径』で、最終的にはそういう森の中に救いを求めている。けれども、それは残念ながら、本当の森ではなく、再生された森なのです。中国に至っては、森が大規模に破壊されました。とくに中国の北半分には森がほとんどありません。都の周辺に森があるということはないのです。日本は、中国の長安や洛陽を模して、平城京、平安京をつくりましたが、いずれも周囲には森がありますﾠ。ところが長安や洛陽にはまったく森がない。唐の時代にはすでになかった。私は、日本の文明と中国の文明は本質的に異なると思います。

川勝　日本の最初の仏教導入期は欽明朝から聖徳太子のころで、その後、遣隋使、遣唐使などの使節を送って本格的な仏教導入になります。最澄も空海も遣唐使のなかにいました。九世紀末（八九四年）の菅原道真による遣唐使の廃止の建言を期に、仏教は国風化しました。外来仏教の国風化の帰結が、良源や源信などを創始者とする天台本覚論となった。大陸から入った仏教を「草木国土悉皆成仏」という、縄文のアニミズムを天台本覚論として理論的に確立したと言えるように思います。

梅原　そう言えますね。奈良時代に来日した鑑真が携えてきた仏像には木彫像がありません。そのころ、中国にはほとんど木がなかったから、木彫像がないのは当たり前です。奈良時代の日本では木彫仏が作れなかったという説がありますが、そうではない。行基仏と伝承されている仏像はほとんど木造です。日本には木がたくさんあったので、木彫像を造らないはずはない。行基仏には縄文の精神が表われているような気がします。行基仏と伝わる仏像は文字どおり行基の作品だと思います。

そして、空海によって、曼荼羅の世界を立体的に表現した、他にはない見事な木彫の仏像による立体曼荼羅が造られます。行基、空海によって、縄文文化が日本の仏教の中に完全に入った。そのような伝統から天台本覚思想が生まれたと私は思います。木の霊と結びついたのです。

川勝　鎮守の森の大木が神木になり、樹木に霊が宿り仏性があると信じられた。木に宿る仏を彫り出すという心の形が木彫りになった。

梅原　古くから、山には先祖の霊がいると考えられていますが、木には霊が宿るということになります。そういう伝統と結びついて、当時のすばらしい木彫像や木造建築が生まれました。

奈良仏教はどちらかといえば、中国の模倣です。最澄、空海によって日本仏教の礎が築かれました。空海の思想の中心は曼荼羅思想です。最澄の天台宗で天台本覚論という思想が生まれます。本覚というのは真言的です。真言と天台を融合させて、天台本覚論ができた。鎌倉仏教はすべてそのような思想にもとづいて成立したと思います。

『人類哲学序説』――梅原哲学のエッセンス

川勝　話題を転じますが、先生の第一期全集の第一巻のタイトルは「闇のパトス」ですね。そのタイトルのもとになった先生のパトスはすごい。

梅原　「闇のパトス」は京大時代に書いた最初の論文ですが、ほとんど評価されなかった。哲学者というのは、西洋の哲学書の原典を日本語に訳すのが仕事だと思われているのに、「闇のパトス」には一人も哲学者が現れない。しかし、私はその論文を書くことでようやくニヒリズムから救われた。自分の心境を書いたのです。

川勝　ロゴスが光なら、パトスはその対極の闇の情念だと思います。闇は暗黒のエネルギーをはらんでディオニュソス的に赤黒く燃える。パトスという言葉は三木清からですか。

梅原　三木清です。

川勝　三木清も心に闇をかかえていました。三木清はどこか暗く、人生が悲劇的です。三木も青春期に苦い経験をしています。『パスカルにおける人間の研究』が三木清の処女作ですが、その元になったのはパスカル『パンセ』です。『パンセ』は神を信じたパスカルの信仰告白の書ですが、三木の『パスカルにおける人間の研究』に神はいません。当時の三木清にもニヒリズムがあったと思います。

梅原　そのようなニヒリズムに陥っていた私は、結婚後に「闇のパトス」を書きました。結婚と就職で私は救われました。初めて会うある大学の教授に非常勤で講義をさせてほしいと頼みにいったところ、論文を見せるようにいわれ、「闇のパトス」を見せました。それを読んだ教授から「これは暗闇の丑松が書いたような論文だ」とほめられました。その教授が、

『ミケランジェロの怖れ』という著書を書いた立命館大学の山元一郎氏で、私はその立命館大学に職を得ることができました。ハイデッガーをあれだけ勉強しながら、私にはハイデッガーについて書いた論文がない。ハイデッガー紹介はいくらでも書けますが、それではだめだ。自分の哲学をつくって、そこでハイデッガーを論じなければなりません。

川勝　最近、先生はハイデッガー論を含んだ『人類哲学序説』(岩波新書、二〇一三年)を出されました。読みやすく、レベルは高く、読みごたえがあります。

梅原　これから本論を書きたいと思っています。

川勝　私は『人類哲学序説』を梅原哲学のエッセンスとして拝読しました。デカルト論は簡潔にデカルト哲学の本質をえぐり取ったものとして感じいりました。ニーチェ論も同じです。ハイデッガー論は、ヘルダーリンを媒介にして書かれていますが、ハイデッガーという人物と実存哲学の本質に切り込んだ内容で、最後には、古代ギリシャからそれらすべての思想をまとめ返して、「草木国土悉皆成仏」の天台本覚論に落としこまれています。あの小さな一冊には、梅原哲学が凝縮されており、日本哲学の世界に占める地位がよくわかります（本書Ⅲを参照）。

梅原　大学の三年間、ハイデッガーばかり読んでいたのです。

川勝　先生の思想の語り口は、古今東西にわたる該博な知識もさることながら、血がしたたり情念が赤く燃えるような身体感覚と論理が一体ですね。それ以後、いわゆる梅原日本学への旅立ちとなる『仏像――心とかたち』を序走として、最初の単行本『美と宗教の発見』を出された。レベルが高く独創的です。あのころ先生は四十歳そこそこ。

梅原　四十一歳です。

川勝　まさに青年の身体化された学識が行間に息づいていて、感性に訴える力がみなぎっています。

九条と国連憲章

梅原　現代の話に戻りますが、最近考えているのは、人間以外の動物は同類を殺すことがほとんどなく、同類の大量殺害を平気で行うのは人間特有の病ではないかということです。勢力争いで同類を殺すことは、猛獣にもサルにもある。ハヌマン・ラングールというサルは、群れのボスが交代した時に、前代のボスとの間に生まれた子どもを殺す。他のサルやライオンなどでも起こりますが、それはボスの交代の際のみという限定的な現象です。人間のように集団をなして殺し合いをするというのは、まずないですね。これは、互いに異なる言語を使う人間同士は同類と認め難いことから起こったのではないかと思うのです。

川勝　先生は、戦争をやめさせるために「九条の会」の呼びかけ人になられましたね。

梅原　日本の憲法九条がノーベル平和賞の候補に挙げられているそうです。もし憲法九条が平和賞に選ばれたなら、平和国家日本が認められることになり、日本の安全保障にとっても大きな意味をもちます。

川勝　同感です。九条の戦争放棄の元をたどると、カントの『永遠の平和のために』にゆきつきます。その後、不戦条約、国連憲章などがあり、それらをふまえて、一番きびしい条文にまとめたのが九条です。武力による威嚇とか武力の行使はせず、永遠に戦争を放棄すると謳っている。

梅原　人類の将来の理想です。人類が生きながらえるには、やはり永遠平和の思想が必要です。これがなかったならば、やがて人類は殺し合いにより滅びます。それをくい止めるのが憲法九条だと思います。

川勝　国連憲章は一九四五年六月に発案され、それをもとに十月に国際連合が発足しました。日本国憲法の公布はその翌年で、さらにその翌四七年に施行ですから、時系列では、国連憲章の後に日本国憲法ができています。国連憲章には国際紛争の平和的解決を謳い、武力による威嚇や武力の行使はできるかぎり控えるべし、とあります。refrain が英語です。日本の憲法はそれを一歩進めて、武力を「控える」のではなく、「放棄する」という。renounce が英語です。国連憲章を踏まえ、それをより厳しくした。

国連憲章には、攻められた時には自衛権を行使でき、個別的自衛権と集団的自衛権とは固有の権利だとあります。一方、日本国憲法九条では、武力は一切使わないと宣言している。日本国憲法は国連憲章をさらに純化している。国連憲章を日本国憲法の方向に持っていくのが人類の理想です。国連憲章を日本国憲法に即して戦争放棄の方向に改めるのが、真の積極的平和主義になると思います。

平和を積極的につくるために一九四五年秋、ロンドンで国連の教育・

文化会議が開かれ、翌年にユネスコ（UNESCO国連教育科学文化機関）が発足しました。日本国憲法の公布と同じ時です。ユネスコ憲章は前文で、戦争は人の心の中で起こるから、心の中に平和の砦をつくらなければならない、と謳っています。ユネスコの教育・学問・文化を通して平和をつくるという立場は世界の共通認識です。

中曽根さんが、「政治は文化に奉仕する」といわれたのは、政治家としてまっとうな発言です。私も知事職をあずかり「政治も経済も文化の僕《しもべ》である」と明言しています。人々を幸せにすること、それは人々の生活文化を豊かにすることです。それが政治や経済の活動の目的です。

教育・学問・文化の活動は人類の理想の一翼をになっています。ちなみに、ユネスコ憲章前文の「平和の砦」は意訳です。正式の英語文書では'It is in the minds of men that the defences of peace must be constructed'で、直訳すれば「心の中に平和の防御をつくるべし」です。それを日本人は

「平和の砦」と意訳した。じつに固い決意表明です。日本国憲法九条とUNESCO憲章前文には人類の理想があります。

梅原　平和といえば、徳川家康は大変な人物だと思います。家康は三河出身だが、駿府のほうが好きだった。富士山を眺めながら封建的体制を築こうというのですね（笑）。

明治以後、藩閥政治が徳川を倒して、家康の評価は低くなりましたが、やはりすぐれた政治家だと思う。芳賀徹さんの話によると、最近、家康の再評価、江戸時代の再評価が進んでいるそうです。

川勝　「パックス・トクガワーナ（徳川の平和）」は芳賀徹先生の造語ですが、徳川時代の形容として見事です。「パックス・ロマーナ」「パックス・ブリタニカ」「パックス・アメリカーナ」が念頭におかれている。西洋の軍事ベースの世界秩序ではなく、文化ベースの平和な文明という特徴をもっています。

梅原　日本には平安時代の三百年と江戸時代の二百六十年という平和な時代があった。そのような国は世界に例がありません。それは、日本列島が大陸から離れていて、容易に侵攻できない地であったからでしょう。そのような列島ですばらしい文化が生まれた。ヨーロッパ文化、とくにアングロ・サクソンの文化が形成されたのは最近です。日本には千何百年という歴史を誇るすばらしい文化があります。そのうち、平安時代三百五十年、江戸時代二百六十年が平和の時代です。現在の戦後七十年の平和はまだまだ短い。もっと平和な時代が続かなければならないと思います。日本は本質的には平和な国なのに、時々他国を攻める。三度ほどありますが、すべて失敗しました。今の平和が五百年は続いてほしいと思います。

――鶴見俊輔さんは亡くなりました（二〇一五年七月二十日没）けれども、先生は俊輔さんとはどうだったんですか。

梅原　親しかったです。しかし否定的な面もある。日本では不良少年だった彼は、アメリカに留学してからまじめに勉強し、『古事記』も『源氏物語』もすべて英語で読んでいる。膨大な知識をもつ人だったけれど、日本にたいする理解が不足していた。立派なところは、権力批判を一生の仕事にしたところです。

彼が二十七歳のときに、桑原武夫さんが拾って京都大学の助教授にしましたが、数年で辞めてしまった。その後、東京工業大学で勤めましたが、そこも途中で辞めた。最後に同志社大学に行くも、また途中で辞めた。『思想の科学』を創刊しましたが、組織を運営する能力はなかった。桑原武夫さんは、梅棹忠夫と鶴見俊輔は天才だと高く評価していました。

川勝　梅棹さんが創設された国立民族学博物館（民博）は活気がなくなりました。研究所の運営の仕方が、梅棹先生と梅原先生とでは正反対でした。日文研は、分野を問わずに最高級の研究者を集めて、みな自由な研究をする。民博は民族学者ばかりですね。

現代の学問所として

川勝　梅棹さんは、若いころから垢ぬけて、知的なアポロンの風情があり、先生は、若いころからなりふり構わず、祝祭をおこすディオニュソスの爆発力がみなぎっています。戦後京都学派の二大巨頭の個性のぶつかりあいは、外野席から見物していると、おもしろい。日文研にはディオニュソスのまわりに羅漢のごとき学者が蟻集した。

梅原　名門も多い。川勝君も秦河勝以来の名門です。川勝家というのは五軒ぐらいあるのですか。

川勝　秦河勝の直系はそのぐらいです。

梅原　七世紀から続く家ですね。聖徳太子の子孫と同じようなもので……。

川勝　ダビデの末裔だとか（笑）。私は飛鳥・奈良にユーラシア各地の要素が入り込んでいたように思います。儒教や仏教はもとより、たとえば弥勒はゾロアスター教の神です。弥勒が下生して弥勒浄土に衆生を迎え入れるというのは、先生の強調される親鸞の二種回向とも、キリスト教のミレニアムとも、構造は同じです。親鸞の思想にそういう背景がありそうです。秦河勝の広隆寺の半跏思惟像は弥勒菩薩です。弥勒を信仰していたようですね。

秦河勝が駿河に行って悪人を退治したという記事が『日本書紀』にあります。

梅原　その点でも静岡に縁がある（笑）。

川勝　先生と出会って、おかげさまで、たくさんの発見があります。たとえば、梅原哲学と梅原芸術との不即不離の関係の発見もそうです。哲学が芸術になる。先生が芸術を創造されているのは偶然ではないと思っています。哲学がそうさせるのでしょう。梅原哲学の核心は「草木国土悉皆成仏」。この哲学こそ芸術の源泉ではありませんか。奈良時代の行基仏、江戸時代の円空仏など、信仰が芸術で表現されています。日本の思想・哲学は芸術化への志向をもっており、先生も自らの仕事でそれを証されています。芸術は普遍性をもっています。美と芸術への志向が日本の思想にある。とりわけ梅原哲学の特質のように思います。

梅原　出会いというのが大事でね。私が中曽根さんと出会って、国際日本文化研究センターが創設されました。もう一人、三代目市川猿之助と出会うことによって生まれたのが、スーパー歌舞伎『ヤマトタケル』です。私が歌舞伎の脚本を書くなど、思いもよらなかった。ところが、『ヤマトタケル』は猿之助のみごとな演出のおかげで大当たりして、今や古典といわれるようになった。

後世の人は、梅原猛は二人いたのではないかと思うかもしれません。一人は哲学者、もう一人は歌舞伎作家だと（笑）。

川勝　いわばルネッサンス人ですね。先生の影響があって、日文研の研究も総合的です。日文研は一九八七年にできた学問所です。京都の延暦寺も東寺も、相国寺も東福寺も妙心寺もみな学問所です。延暦寺や東寺は九世紀の初め、相国寺、東福寺、妙心寺は中世以降、その間に数百年の時間差があります。私は京都西山を借景にした日文研も、百年、二百年経つと、古代・中世の学問所が世界文化遺産になったように、その仲間に入っていくように思います。

梅原　日文研は日本でもっとも生産力の高い研究所の一つだと思います。

川勝　たたずまいもすばらしい。

梅原　建築家の内井昭蔵氏が私の『隠された十字架』を読んで、法隆寺の夢殿をイメージして設計したところもあります。

川勝　法隆寺の八角形の夢殿を想わせる会議場がありますが、日文研の心臓部で国際会議のできる最高の設備を備えている。法隆寺の夢殿の本歌取りですね。

稲作の源流と長江文明

川勝　先生の膨大な著作のなかで、めずらしいのは経済人との共著です。一代で京セラを世界的企業に育てた経済人の稲盛和夫さんと対談（『哲学を語る』『新しい哲学を語る』『人類を救う哲学』等）があります。稲盛先生の仏教の学識を借りながら、「利他」の哲学を磨かれました。稲盛さんは古代中国の稲作文明の遺跡の発見につながる研究支援もなさった。それは安田喜憲さんを研究代表とした城頭山《じょうとうざん》遺跡（湖南省）の発見につながって、既知の七千年前の稲作農耕の河姆《かぼと》海遺跡と良渚《りょうしょ》遺跡（ともに浙江省）とあわせて、「長江文明」の提唱に結実しました。畑作牧畜の「黄河文明」に対して稲作漁撈の「長江文明」という対比が分かりやすく、長江文明と弥生文化とのつながりを考えさせることにもなった世紀の大発見です。先生と稲盛さんとが良渚遺跡を視察されたときの記録も本（『良渚遺跡への旅――幻の長江文明』）になっています。中曽根さんは「政治は文化に奉仕をする」と言われました。稲盛さんは明言されていませんが、「経済は文化に奉仕する」という姿勢がうかがえます。

梅原　稲盛さんの支援のおかげで長江文明に出会うことになりました。最終的には文部省（当時）からも支援を得ました。安田喜憲君が中心になって進められた研究プロジェクトです。中国では黄河文明だけが取り上げられます。私は、黄河文明の前に長江文明があったという仮説をかねてからもっていました。中国では長江流域に稲作文明が花咲いていた。ところが、北方の黄河文明と衝突することになり、南下した北方の勢力に南方の長江文明の人々は敗れて四散しました。中国には小麦農業中心の黄河文明より古い稲作中心の長江文明が花咲いたことが証明されました。長江の稲作文明が日本に伝わり、日本の文化の礎を築いたのです。長江文明は世界史的に重要な意味をもっていると思います。そのような証明ができたのは稲盛さんのおかげと大変感謝しています。

川勝　日本の稲作の起源にもかかわる重要な発見でした。稲作の水源は緑の森です。黄河流域は乾燥地帯なので、畑作しかできない。長江流域に稲作文明があったという先生の仮説を実証するには、長江流域の調査が不可欠。中国は共産党の国で手続きは容易ではない。長江流域は広く、調査には手間も大金もかかる。稲盛さんが大金を出され、文科省も科研費をつけた。それが「黄河文明」よりもはるか前に「長江文明」があったという大発見につながった。都市遺跡は木造だったようで、腐って残っていません。都市はないとみなされていたところ、城頭山遺跡では都市を囲む環濠を安田さんたちが見つけ、「祭祀センター」と目される跡もあり、安田さんはそこで新嘗祭をやっていたと考えている。土中の稲籾などの分析によって六五〇〇年前にさかのぼれることが分かった。私は安田さんに案内されて遺跡を確認しました。今日では「長江文明」は学説として確立していると思います。

梅原　日中共同で調査が行われましたが、われわれの力がなかったら発見にいたらなかったと思います。国際的な大プロジェクトでした。安田君は当初、そのような文明があるはずがないと懐疑的でした。

川勝　安田さんは地中海をフィールドにして研究成果をあげていた。それを先生が長江の流域に稲作農耕の遺跡があるはずだとおっしゃって、彼の目を東アジアに向けた。

梅原　稲盛さんや安田君たちと良渚遺跡へ調査に行き、そこで出土した玉製品を見ましたが、芸術的に大変すばらしいと思いました。稲盛さんは、今の京セラの最先端のセラミック加工の技術をもってしてもそのような玉製品は作れないと言いました（笑）。それが何千年も前に作られたのは不思議だ、と。そこで安田君もはじめて重要性を認めた（笑）。

川勝　安田喜憲さんという馬力のある研究者が広島に埋もれていた。彼を見出したのは先生です。その出会いは双方にとって幸運でした。先生の指摘されていた森の縄文文化と水の稲作文化との共存関係が実証されることになった。

梅原　それから今の稲作文化の起源が明らかになったのです。黄河文明をはじめ、世界の四大文明というのは、すべて小麦文明です。それ以前にもっと栄えた稲作文明が長江流域であったということですね。それが日本へ伝わったわけです。

川勝　先生の文明論の実証を安田さんが手がけ、世界の四大文明に「長江文明」を加えて五大文明になりました。中国では、長江の水量が巨大なので、中下流域の森をどんどんつぶしながら稲作を広げましたが、日本は小さな国土の中で稲作をするには、近くの森が供給する水が必要なので、森を大事にした。その結果、森の縄文文化と稲の弥生文化が共存した。縄文文化の見直しもさかんになって、三内丸山の縄文遺跡が発見された頃から、「縄文文明」を加えて世界六大文明にしようと言われるまでなった。

白川静のすごさ

川勝　漢字の白川静さんを先生は昔から評価されていましたね。

梅原　立命館大学に勤めていたときの同僚です。白川さんとは一番親しかった。

川勝　漢字では諸橋轍次『大漢和辞典』が最高峰とされてきましたが、

官学系です。白川先生の『字通』や『字統』の漢字解読は諸橋先生とはちがう。いつのまにか、新聞や何かでの漢字解説は、ほぼすべて白川静先生の本によっています。

梅原　白川静の理論は、恐ろしい世界です。殷《いん》の世界では平気で人の首を切るという。「道」の漢字には「首」という字が使われている。それは、他国への道を行く時に、異族の首を携えて道にひそむ邪霊を祓い清めたからであるという。殷とは甚だ不気味な世界ですね。ギリシャではアポロン的な文化に支配されていたのを、ニーチェは、ディオニュソス的とされるある意味で不気味な世界がギリシャの精神にあると唱えた。白川さんは、それまでの解釈ではまさに儒教的、アポロン的、周の文王を理想にしたものが中国古代だとされていたのに対して、まさにディオニュソス的な中国を明らかにしたのです。

白川さんは、定年になってから漢字に関する一般向けの著作を次々と出した。長い間、広く知られなかったのですが、著作はいずれも甚だ優れたものでした。白川静という漢字学者は、客観的にまだ十分評価されていないのではないかと感じます。ディオニュソス的な中国を見出した大変な功績者だと思います。

川勝 漢字の研究水準では、漢字を生んだ本場の中国よりも日本の方が高い。

梅原 高いですね。中国、とくに今の共産党支配の中国では、白川さんは認められないと思われます。白川さんも、一度も中国に行かなかった。

川勝 欧米由来の学問も東洋由来の学問も、日本は中曽根首相のころにクライマックスを迎えて自家薬籠中のものにした。そういう画期的な段階を迎えたと思います。

先生とも交流のあった司馬遼太郎さんは世間でよく話題になります。司馬さんの代表作の一つ『坂の上の雲』は明治の青年群像を生き生きと描いています。司馬さんの日本観は、坂の上の雲をめざした明治人はよかったが、その後は堕落したというものです。司馬さんは『明治という国家』など、明治日本人の気概や美点を評価する一方で、御自身の青春時代の戦前日本に懐疑的でした。しかし、戦後日本の学問レベルは坂の上の雲の上に出ています。坂の上の雲をめざして、雲の上に出た日本を、何をもってシンボルとすればいいのか、雲の上に聳えているのは富士山(笑)。

富士山は世界文化遺産になりました。その文化性の背骨にある哲学を先生は「草木国土悉皆成仏」だと喝破された。日本の国土と学問・思想を世界に発信する時期がはじまりました。いわば日本が世界のモデルになりつつある。それは言いすぎかもしれませんけれども、近代日本ではデカルトだ、マルクスだと持ちあげ、近世日本では孔子だ、朱子だと言っていた。それが、昭和末頃から民博、日文研などが生まれ、日本の学問・

文化の水準が急速に世界の注目を浴びて、日本自体が学ばれる対象になりました。その背景にあるのは、例えばギルガメシュ神話の研究に代表される、西洋文明の起源まで射程に収める高い知的レベルです。グローバルな地球を股にかけた日本の学問・文化が存在感を増しています。梅原哲学、梅原日本学、梅原芸術は坂の上の雲の上にある富士山のよう、というよりも、雷雲の上で豪快に祝祭を楽しむディオニュソスといった風情でしょう。

国の象徴、国土の象徴

梅原　そのような評価をしていただいてありがたいですが、私に言わせると、好きなことを自由にやっていただけで（笑）、自分の仕事がどんな意味をもっているかということを考えていません。今やりたいのは、

『ギルガメシュ』を、どのようなジャンルになるかわかりませんが、舞台化して海外に持っていくこと。

川勝 政治的にもインパクトを与えると思います。芸術は世界を変える。森を壊し、生命環境を破壊することはよくないという思想哲学を芝居芸術で示せば誰にもわかるので、大きいメッセージ性をもちます。芸術文化によって政治や経済にメッセージを発信するのがいい。中曽根さんは日本平が富士山をあおぐ最高の眺望地だというので「日本一の眺望の地 富士山」、先生は「草木国土悉皆成仏 国土は富士なり」。ともに簡潔明瞭です。

梅原 中曽根さんは旧制静岡高校の出身で、母校愛も強い。中曽根さんが東大在学中に静岡高校で学生ストライキが起こり、学校側と学生側が対立したそうです。中曽根さんはいち早く静岡高校に駆けつけ、学校側と学生側の言い分にもとづいた調停案を出し、見事に解決した。中曽根さんは学生時代から抜群の政治力をもっていたのです。

川勝 中曽根康弘の康は家康の康で、康弘の弘は弘法大師の弘だそうです。ご自分でそう意識されているのを知って、一驚しました。

梅原 家康は静岡に隠居した。富士が日本の象徴だと感じたんだと思う。

川勝 元は岡崎から出て、最後は江戸に本拠をおけたにもかかわらず、静岡に戻った。

梅原 封建的なピラミッド型の社会構造も、富士山を見て考えたのではないか（笑）。家康はとてつもない人物ではないかと思います。

川勝 中曽根さんは、四百年前の家康、千二百年前の空海を意識して政治力をみがいた。ただの政治家ではありません。

梅原 空海と家康を合わせたというのですね。

川勝 御自分でそう自覚されている。立派な政治家と先生は出会われました。

梅原　多くの異色の人物と出会って、新しいものを生み出し得たのです。そうして、国際日本文化研究センターの創設と、『ヤマトタケル』の原作を書くという業績を残すことができました。

川勝　それ以外にもたくさんあります。宮沢賢治、聖徳太子、柿本人麻呂などは先生の作品のヒーローです。『隠された十字架』は法隆寺論であり聖徳太子論、『水底の歌』は柿本人麻呂論、『地獄の思想』は宮沢賢治論。こうした人間を底まで見つめる目が中曽根さんとの出会いを必然にしたのかもしれません。

梅原　今もいろいろ着想が湧いてきて、楽しくて仕方がない。昨年、曾孫も生まれて。今は曾孫が私にとって神様です（笑）。

川勝　還相《げんそう》の神、この上なく可愛い神様ですね。

（二〇一五年九月二十六日　於・芝蘭会館　別館）

III

「人類哲学」讃歌——山《さん》川《せん》草《そう》木《もく》国《こく》土《ど》悉《しっ》皆《かい》芸《げい》術《じゅつ》

川勝平太

いかに生きるべきか、何のために生きているのか、生きることの意味は何か、自己とは何か、人間とは何か、存在とは何か、日本とは何か、日本の文化・思想の特質とは何か等、根源的な問いに向き合う学問人生において、一九二五（大正一四）年生まれの梅原猛氏は諸学の基礎である哲学の道を究める傍ら、ときに芸術文化の世界を逍遥し、ときに国際日本文化研究センターの創設・運営など俗塵にまみれながら、折節に成果を世に問うてきた。それらは瞠目すべき膨大な作品群となり、第一期『梅原猛著作集』全二十巻（集英社）、第二期『梅原猛著作集』全二十巻（小学館）に結実している。二期にわたる全集の刊行後も、氏の研究の意欲と創作のパッションはディオニュソスのように躍動的でとどまるところをしらない。ここ十年ほどで発表された作品は三十冊を超えており、まさに超人の仕事ぶりである。第三期著作集はほぼ確実であろう。その白眉をなす作品は何になるであろうか。おそらく『人類哲学序説』（岩波新書、二〇一三年）であろうか。梅原氏の八十八歳の作品である。
『人類哲学序説』はつぎの五章からなる――
第一章　なぜいま、人類哲学か
第二章　デカルト省察
第三章　ニーチェ及びハイデッガー哲学への省察
第四章　ヘブライズムとヘレニズムの呪縛を超えて
第五章　森の思想
全五章のうち三章が西洋哲学批判に割かれている。批判の対象はフランスのデカルト（一五九六～一六五〇年）、ドイツのニーチェ（一八四四～一九〇〇年）、ドイツのハイデッガー（一八八九～一九七六年）である。西洋哲学の背骨にはヘブライズム（ユダヤ・キリスト教）とヘレニズム（ギリシャ文化）があるが、梅原氏の西洋哲学批判はその原風景にも及んでいる。
以下、第一～第四章で展開された西洋哲学批判と、第五章で語られる「草木国土悉皆成仏」の思想のそれぞれについて私見を添えたい。

仏教という視座からの西洋哲学批判

明治末から大正・昭和前期の日本で流行したデカンショ節（「デカンショ、デカンショで半年暮らしゃ　後の半年ゃ　寝て暮らす　よーい　よーい　デカンショ！」）は、元歌は丹波篠山の民謡であるが、一高の学生が替え歌にしたものらしい。「デカンショ」とはデカルト、カント、ショウペンハウアーの三人の西洋の哲学者をさす。デカルト（一五九六～一六五〇年）↓カント（一七二四～一八〇四年）↓ショウペンハウアー（一七八八～一八六〇年）と続く。その後の西洋哲学は、梅原氏が青年期に耽読したニーチェ（一八四四～一九〇〇年）↓ハイデッガー（一八八九～一九七六年）と続いていく。『人類哲学序説』ではデカルトとニーチェとの間に生きたカントとショウペンハウアーについては記述がない。そこでデカンショことデカルト、カント、ショウペンハウアーの哲学史上の関係を補っておきたい。

先頭に立つのはルネ・デカルトであるが、デカルト哲学は梅原氏が西洋哲学と決別した原点であり、梅原氏はその内容を簡潔に説明している。屋上屋を架す意図はないが、デカルトのどこを梅原氏が問題にしているのかだけを再確認しておきたい。それは「われ思う、ゆえに我あり」として、考える我＝精神を自立させ、精神とそれ以外の身体をふくむ物とを分けたことである。

「わたしは注意してわたしとは何であるかを検討して、自分はどんな肉体も持たず、また自分のいるどんな世界もどんな場所もないのだと想定することはできるが、しかしそのことから、自分は存在しないと想定することはできないということ、……わたしは、自分はその全本質または本性が、考えるということにだけあって、存在するためにはどんな場所も必要とせず、またどんな物質的な物にも依存しないところの実体であることを識った。したがってこの「わたし」、すなわちわたしがそれによってわたしであるところの霊魂は肉体からまったく区別されたものであり、それは肉体よりも認識しやすいものであり、肉体が存在しなくても、それが本来あるがままのものであることをやめないだろう」。

（小場瀬卓三訳『方法序説』角川文庫）

このようにデカルトは精神と物とを峻別した。梅原氏の京大時代の恩師・野田又夫氏はデカルトを専門とし、「当時のヨーロッパ思想全体を代表、……その後三百年間のヨーロッパの思想の主流」（野田又夫『デカルト』岩波新書）とまで言っている。

だが、デカルト哲学に対する批判は同時代からある。デカルトは親しい才媛から厳しい質問を受けた。そのエピソードを野田又夫『デカルト』から引用してみよう――

「（心身の区別について）最初に疑問としてデカルトに質した人は、かれの愛弟子エリザベト王女でありました。エリザベトは、「考えるわれ」であるところの精神が、すなわち身体を客観として意識するところの精神が、どうして身体に働きかけるのか、身体に働きかけるとすればその精神は物質的存在でなければならぬのではないか、と問うています。王女の疑問は、心身の実在的区別と、心身の相互作用とが、どうして矛盾でないのか、ということでありました。」

王女が発した至極もっともな疑問に対するデカルトの回答は中途半端で

あった。脳の一点に精神と身体とが合一して働き合う場所があり、それを「松果腺」と呼ぶと回答したのである。だが、身体の一部に精神と物質が一体の場所があるというのは、両者を峻別したデカルトにしては、歯切れが悪い。

実際、たとえばスピノザ（一六三二〜七七年）は、この点をとらえて、厳しい批判を投げかけている——

「彼（デカルト）は、霊魂ないし精神は松果腺と呼ばれる脳の一定部分と特別に結合していること、この腺を介して精神は身体内に起こるすべての運動並びに外部の対象を感覚すること、そして精神は単に意志するだけでこの腺を種々様々に動かしうること、そうしたことを主張している。……これが、かの有名な人（デカルト）の見解である。もしこの見解がこれほど先鋭なものでなかったら、私はそれがかくも偉大な人（デカルト）から出たとはほとんど信じなかったであろう。それ自体で明白なる諸原理からでなくては何事も導出せぬことを、また明瞭判然と知覚した事柄以外は何ごとをも肯定しないことを断固と主張し、スコラ学派が不明瞭な物を隠れた性質によって説明しようと欲したことをああも屢々非難したその人（デカルト）が、あらゆる隠れた性質よりも一層淫靡な仮説を立てるとは実に不思議に堪えない」

（スピノザ『エチカ』畠中尚志訳、岩波文庫）

このようにデカルトは、すでに同時代人からも厳しく批判されていた。梅原氏のデカルト批判はそれを徹底したものである。

続くはイマニュエル・カントである。カントには有名な三批判書（『純粋理性批判』一七八一年、『実践理性批判』一七八八年、『判断力批判』一七九〇年）がある。

三批判書のうち、デカルト哲学を継承し、つづくショウペンハウアーに影響したのは『純粋理性批判』である。

『純粋理性批判』はカントの五十七歳の円熟期の作品である。同書は、デカルト、ライプニッツなどの大陸合理論と、ロック、ヒュームなどのイギリス経験論の統合を図った野心作であり、自然科学を哲学的に基礎づけた金字塔である。カントは哲学者であるが、物理学者でもあった。近代物理学を切り開いたアイザック・ニュートン（一六四二〜一七二七年）が見出した慣性の法則、作用反作用の法則、万有引力の法則、光の屈折の法則などを、なぜ人間は真理だと認めることができるのか、カントはその根拠を論じた。物理現象は日常生活において観察できる経験的事実である。では、その経験的事実は、一過性の現象なのか、それとも時と所を超えて成り立つものなのか。時と所を超えて普遍的な合理性をもつのは数学である。物理現象を数学で証明できるのであれば、それは自然法則であり真理であるとみなしうるわけである。

カントの独創は、物理の法則にかかわる人間の認識は、物が落下するのを見て知るといった経験をもって始まるが、経験から生じるのではない、としたことである。先験的（ア・プリオリ）に――経験に先立って――物を認識する能力＝直観を人間は生まれつきもっているというのである。人間に生得的な直観をカントは「先験的感性」となづけた。先験的感性＝直観は二つの形式を備えている。空間と時間である。

問題は、なぜ、時間と空間が直観の形式になるのか、ということだ。ニュートンが『プリンキピア（自然哲学の数学的原理）』（一六八六年）で出した「絶対時間」「絶対空間」の概念がヒントであることは疑いない。ニュートンは絶対時間・絶対空間の概念を、デカルトの「物」の定義に対する批判から導き出した。デカルトは「物」とは延長のある存在であると定義した。では「神に延長はあるのか？」――この問いにデカルトは沈黙した。神は無限の延長をもつ存在であろう。

私見では、ニュートンは無限の延長である「神」を、無限の「絶対時間」「絶対空間」に言い換えたのだと思う。カントは、ニュートンが神を言い換えた絶対時間・絶対空間を、思い切りよく、人間の精神にひきよせて、生まれた時から精神に備わっている直観の形式に仕立て直した。デカルトにおける「物」もニュートンにおける絶対時間も絶対空間も外界にある。外界にあるとみなされてきた時間と空間を、カントは人間の内なる直観の形式に置き換えたのである。この試みをカントはコペルニクスが天動説を地動説に置き換えたことに引き比べている。認識におけるコペルニクス的転換をやってみせたと自負しているのである。

キリスト教の神にせよ、ニュートンの絶対時間・絶対空間にせよ、カントの先験的感性にせよ、いずれも形而上学である。『純粋理性批判』の「緒言」でカントがみずから断っているように、形而上学の取る方法は「独断的」である。時間と空間をもって直観の形式とする独創的な企ても独断であり、実際、同書の「第二版序文」で、カントは正直に「仮説として立てておく」と断っている。ともあれ、時間と空間が、生まれながら神からあらかじめ人間の直観に賦与された認識能力であるとすれば、先験的という以外にない。

それが正しいかどうかはともかく、科学の方法であるイギリス流の経験・実験・実証による帰納法と、大陸流の定理をベースにした数学で理論を合理的に積み上げていく演繹法の働きをカントは「悟性」といった。悟性による科学的認識の前提に、時間・空間を直観する先験的能力があるとしたところがカントの独創である。時間・空間の直観的形式がなければ、そもそも物を認識できない。逆に言うと、物の認識は、認識する側の人間が生得的・先験的にもっている時間・空間からなる直観の形式に制約されている。物が本当に時間・空間の形式の中にあるのかどうかは分からない。直観は、何と言おうと、どこまでも主観にとどまる。つまり客体＝客観の対象の「物自体」は分からない。物の認識は、人間の主観の底にある直観の形式（時間と空間）に縛られている。「物自体」は、主観でしかない直観から独立している。これがカントの独自の主張である。

掉尾に立つのはアルトゥル・ショウペンハウアーである。ショウペンハウアーが問題にしたのは、まさにカントの「物自体」であった。カントにとって「物自体」は主観の外にある。ショウペンハウアーは、このカント哲学の根幹をなす主張にかみついた。ショウペンハウアーは『意志と表象としての世界』（一八一九年）を三十歳の若さで書き上げ、翌年に出版したが、そこで彼は言う――「そもそもわたし（ショウペンハウアー）の思想はいまだかつて存在しなかったものであって、したがってこの思想を最初に産み落としたわたしという個性の痕跡をとどめないというわけにはいかない」（同書、第二十九節)。こう大見栄を切った意欲作である。

では、ショウペンハウアーは自己の哲学の何をもって斬新であり独創的であるとしたのか。それは、ショウペンハウアーが「物自体」——身体、生物界、世界、宇宙、森羅万象——に「意志」が働いている、いや、「物自体が意志である」と言ってのけたことである。意志の「表象」が身体であり物であり世界である。彼は「意志」を一切の存在の基礎にすえたのである。ショウペンハウアーのカント批判の論点をいくつか拾ってみよう(引用はショウペンハウアー『意志と表象としての世界』西尾幹二訳、中公クラシックス)

——

「真理とは、認識に対して存在するところのいっさい、だからこの全世界ということになるが、これはじつは主観との関係における客観にすぎず、眺める者あっての眺められた世界、一言でいえば、表象にすぎない。……世界に属するすべてのものは主観に対して存在するにすぎない。世界は表象である。……カントの第一の過ちはこの原則を見落としたことだ」（第一節）

「世界は一面では、徹頭徹尾、表象であるが、他面では、徹頭徹尾、意志である。この両者のいずれでもなく、客観それ自体であるというような実在は——カントの物自体というのも残念ながら彼の手にかかってそういうしろものになり果ててしまったが——、夢想の怪物であって、そういうものを仮定するのは、哲学上の鬼火である」（第一節）

「身体の全体それ自身がすでに意志の現象である」（第二十節）

「現象とは表象のことであって、それ以上のなにものでもない。いかなる種類のものであろうと、すべての表象、すなわちすべての客観は、現象である。しかしひとり意志のみが、物自体である。意志はこのようなものである以上、断じて表象ではなく、表象とは全く種類を異にしたものなのだ。すべての表象、すべての客観は、意志の現象であり、意志が目に見えるようになったものであり、いいかえればこの意志の客体性である。意志は各個別のものの、ならびに全体をなすものの、内奥であり、核心である。意志は盲目的に作用しているすべての自然力のうちに現象する」（第二十一節）

「意志には、端的に言って根拠というものがない。さまざまな現象は時間と空間のなかで数え切れないほどであるが、意志はあらゆる数多性から自由である。意志そのものは一つである。……意志は固体化の原理である時間と空間の外に、すなわち数多性の可能性の外にあるものとして一者なのである」（第二十三節）

「物自体とは何か？——意志、これがわれわれの答え」（第二十四節）

「意志が物自体」（第二十五節）

「自然の根源的諸力そのものは、意志の直接の客観化である。根源的

諸力そのものは時間、空間、ならびに物質といった諸形式の外にある」（第二十六節）

「個々の人間の経験的性格のみならず、あらゆる動物の種の、いや、あらゆる植物の種の、さらに無機的な自然のあらゆる根源力の経験的な性格さえも、叡知的性格の現象として、すなわち時間の外にある分割できない意志の働きの現象としてみなすことができるのである。……経験的な性格は叡知的な性格によって、徹頭徹尾、規定されているが、この叡知的性格は根拠を欠いている意志、すなわち物自体としての根拠の原理に従属していない意志である」（第二十八節）

「意志とは物自体であり、イデアとは一定の段階におけるこの意志の直接の客体性にあたる」（第三十一節）

「物自体そのものは、意志であり、まだ客観化されてはいない、まだ表象にはなっていないかぎりにおいての意志なのである」（第三十二節）

「存在するのはただ意志のみ――意志、物自体。意志、いっさいの現象の泉」（第三十六節）

「意志は物自体である。世界の内なる実質であり、世界のなかの本質的なものである。生、可視的世界、現象界はこの意志を映す鏡にすぎない。物体に影がつきまとうごとく、意志とは切っても切れない関係にあり、生、可視的世界、現象界は意志につきまとっている。意志の存するところ、そこには生命があり世界がある」（第五十四節）

「人間は自然のほかのすべての部分と同じように意志の客体性である。……ただし人間は意志の現象のなかのもっとも完璧なもの」（第五十五節）

「叡知的性格とは、一定の個人のうちに一定の程度で現象する物自体としての意志を指すが、経験的性格はこれに対してこの場合の現象そのもののことを指す」（第五十五節）

「死ということは太陽が没するのに似ているといえよう。没する太陽が夜の闇に呑み込まれてゆくのはほんの見掛けだけのことで、実際に太陽は、それ自身が光の源泉であるから、間断なく燃え、かずかずの新しい世界に新しい昼間をもたらし、そして常時上昇し、常時下降しているのである。始めとか終りとかいうことは、時間――個体という現象が表象するための形式――を媒介として、個体にのみ関わることでしかない。時間の外にあるのはひとえに意志、すなわちカントの物自体であり、それの適切な客体性がプラトンのイデアに当たるのである」

（第六十五節）

このあたりで引用はもう十分であろう。『意志と表象としての世界』は全四巻七十一節からなるが、全編にわたって「意志＝物自体」という主張が、カント批判をからめながら、執拗なまでに繰り返されている。

ここでの問題は、ショウペンハウアーの主張が当たっているかどうかではない。私が問題にしたいのは、ショウペンハウアーは「意志」の概念をいったい、いつ、どこから獲得したのかというものである。ありがたいことに、本人がどこからその着想を得たのかを正直に明かしている。『意志と表象の世界』の「第一版への序」(一八一八年)で自己の思想の源泉が明快に語られている——

「ヴェーダの思想に浴したことがあるなら、ウパニシャッドを介してわれわれに開放されたヴェーダへの門戸は、(十九世紀)以前の諸世紀に対し誇りうる最大の長所である。推測するにサンスクリット文学の影響は十五世紀におけるギリシャ文学の復活(ルネサンス)に劣らぬ深い食い込み方をするであろう。インドの太古の聖賢の清めを受け、また敏感にこれを採り入れているならば、わたしが講述したことを聴きとるのにもっともよい準備がなされていることになろう。……ウパニシャッドを構成する個々の、断片化した言説のひとつひとつは、わたしが伝達しようとしている思想から結論として導きだされるのであり、逆にわたしの思想がウパニシャッドの中に見出されることはけっしてあり得ないのである。」

この述懐から知られるように、ショウペンハウアーが「いまだかつて存在しなかった」と豪語する自己の哲学を確立したのは、彼がインドのウパニシャッド哲学と出会ったからである。本人の口吻からは、『意志と表象としての世界』全編がウパニシャッド哲学の独自の解釈である、という意味にも読み取れる。ショウペンハウアーは、同書で身近な身体から森羅万象のすべてが意志の表象であると縦横に論じ切ったあと、最終節（第七十一節）の最終段落を、こう述べて擱筆した――

「われわれはとらわれることなしにこう告白しよう。意志を完全なまでになくしてしまった後に残るところのものは、まだ意志に満たされているすべての人々にとっては、いうまでもなく無である。しかし、これを逆にして考えれば、すでに意志を否定し、意志を転換し終えている人々にとっては、これほどにも現実的にみえるこのわれわれの世界が、そのあらゆる太陽や銀河を含めて――無なのである。」

この結論で吐露されているのは無の思想である。究極的には「万有は無（Nichts ニヒツ）に帰す」というのである。ヨーロッパの思想を特徴づけるのは有の哲学である。それを東洋に特徴的な無の哲学に変えてしまった。この結論は（本人にはおそらく意図せざる）ニヒリズムの宣言になった。ショウペンハウアーの『意志と表象としての世界』は、インドのウパニシャッド哲学・仏教思想に触発された哲学書であることは疑いを入れない。ショウペンハウアーの意志の哲学は、私には『法句経《ほっくきょう》』冒頭の次の一句に尽きているように思える――

諸事　意を以て先とし　意を主とし　意より成る

それはともかく、ショウペンハウアーが批判したカントの哲学には、ウパニシャッド哲学や仏教などの東洋思想は微塵もない。カントは三批判書の最後の『判断力批判』を六十六歳で書きあげたあと、『永遠の平和のために』（一七九五年）などの作品も書いたが、晩年はもっぱら主著となった三批判書を補強する論説を書き続けて八十年の生涯を終えた。

本稿の脈絡で押さえておくべきことは、ショウペンハウアーの哲学が、フリードリッヒ・ニーチェに影響したことである。それはどのような部分か。『意志と表象としての世界』から拾ってみよう――

「われわれが生きかつ存在しているこの世界は、その全本質のうえからみてどこまでも意志であり、そして同時に、どこまでも表象である。この表象は、表象である以上はすでに何らかの形式を、つまり主観と客観とを前提とし、したがって、相対的である。客観と主観というこの形式と、根拠の原理が表現している、この形式に従属したすべての形式を取り除いてしまったあかつきに、さらにあとに何が残るかをわれわれは問うてみるなら、これは表象とはまったく種類を異にしたものであって、意志以外のなにものでもあり得ず、それゆえこれこそ本来の物自体である。……いっさいの目標がないということ、いっさいの限界がないということは、意志そのものの本質に属している。意志はおわるところを知らぬ努力である。……一目標が達成されれば、それがまたもや新しい進路の始まりになるのである。努力はこうして無限へ向かっていく。植物は芽から始めて、幹や葉を経て花や実へとおのれの現象を高めていくが、実はふたたび新しい芽の始まり、新しい個体の始まりにすぎず、新しい個体はまたしても旧来の進路をひとめぐりする。それが無限の時間にわたって繰り返されるのである。動物の生活行程もこれと同じなのだ。生殖は、動物の生活行程の頂点にあたるが、この頂点への到達を境にして、最初にあった個体の生命は急速にもしくは徐々に下降していく。その一方、新しい個体が出て来て、自然に対し種を維持することを保証し、同じ現象をくりかえすのである。……すなわち永遠の生成、終わるところのない流れは意志の本質の顕在化に属することである」（第二十九節）

「ヴェーダは人間の認識と知恵の最上の成果であり、その中心はウパニシャッドという形を成していて、今世紀（十九世紀）最大の贈り物としてついにわれわれ（西欧人）にも届けられるにいたったのである。……定式となったあのことば、tat tvamasi は「汝はそれなり」という意味である。……私が念頭に思い浮かべているのは輪廻の神話のことである。……神話はバラモン、賢者、聖者といったより高貴な姿に生まれ変わることを約束している。……インド人の叡智がヨーロッパに逆流し、われわれの知識と思索に根本的な変化を引き起こすことになる。」（第六十三節）

ショウペンハウアーの言う「意志」「永遠の生成、終わるところのない流れ」「輪廻の神話」などにニーチェの思想「力への意志」「永劫回帰」の原型を見ることができるであろう。また「真の認識に達した者」を論じた第六十八節にはこうある――

「この世界に掲げ得る最大にして、最重要、かつ最も有意義なる現象とは、世界を征服する者ではなしに、世界を超克する者である。世界を超克する者とはすなわち、真の認識を開き、その結果、一切を満たした一切の中に駆動し、努力し、生きんとする意志を捨離し、滅却し、そこではじめて真の自由を得て、自らにおいてのみ自由を出現せしめ、このようにして今や平均人とは正反対の行動をするような人々、そのような人々の目立たぬ寂静《じゃくじょう》たる生活振る舞い以外のなにものでもない。」

この記述を読んだ者は、ショウペンハウアーの理想とする「世界を超克する者」からニーチェが「超人」の着想を得たであろうことも想定できる。ニーチェは二十八歳で処女作『悲劇の誕生』（一八七二年、原題は「音楽の精神からのギリシャ悲劇の誕生」）を著して芸術論を展開し、アポロ的な精神よりもディオニュソス的な精神の圧倒的優位を論じている。ニーチェの力がこもるのは、当時の彼はワーグナーの楽劇に心を奪われていただけに、音楽論である。その音楽論において、ニーチェはショウペンハウアーの音楽哲学を激賞するのである（引用は西尾幹二訳、『世界の名著　ニーチェ』中央公論社より）

―

「アポロ的芸術としての造形芸術と、ディオニソス的芸術としての音楽と、この二つの芸術の間には巨大な裂け目が口を開いているが、この巨大な対立をはっきりと自覚していたのは、偉大な思想家の中でただ一人しかいなかった。彼（ショウペンハウアー）はギリシャ神話の象徴的表現に手引きされることさえもなく、音楽に、あらゆる他の芸術にまさる、そしてまた、あらゆる他の芸術とは異なった性格と起源とを認めたのであった。音楽は、あらゆる他の芸術のように、現象の模写ではない。直接に意志そのものの模写である。したがって、音楽はいっさいの形而下的なものに対して形而上的なものを、いっさいの現象に対して、物自体を表現するものにほかならない。彼はそう述べている（ショウペンハウアー『意志と表象としての世界』）。

これはあらゆる美学のうち、もっとも重要な認識である。美学をかなり厳粛な意味に解すれば、この認識から美学は始まるのだといってよいほどである。リヒァルト・ワーグナーは、このもっとも重要な認識に太鼓判を押し、これを永遠の真理であることを裏づけ（た）。……この問題について、ショウペンハウアーは、『意志と表象としての世界』において、きわめて詳細にわたって論じているが、この部分は、比類のない叙述の明瞭透徹さのゆえに、リヒァルト・ワーグナーが賞賛をおしまなかった箇所である。

私はここに、その全文を引用することにしよう。……」

（以下は省くが、ショウペンハウアー『意志と表象としての世界』からの長い引用がつづく。）

このように、ショウペンハウアーはニーチェに決定的な影響を与えた。

以上、デカンショのデカルト、カント、ショウペンハウアーの関係を追ってきた。そこから得られる結論は、第一に、デカルトとカントとの関係は深い。両者の間には精神と物との峻別、主観と客観の二項対立、大陸合理論の継承がある。第二に、カントとショウペンハウアーとの間には深い溝がある。デカンショと一口にいうが、「デ・カン」と「ショ」との間に抜き差しならぬ亀裂と断絶があり、万有を飲み込みかねない深い無の淵がのぞいているのである。

第三に、ショウペンハウアーとニーチェの距離は近い。ショウペンハウアーの「無」の思想を「ニヒリズム」として徹底したのがニーチェの哲学である。ショウペンハウアーには自分の哲学がそれまでのヨーロッパに存在したことがないという自負はあった。ニーチェは、それを推し進め、プラトンのイデアから始まる西洋の哲学、キリスト教の神、カントに典型的な形而上学をトータルに否定した。マルティン・ハイデッガーは、それをさらに発展させて、その著書『ニーチェ』『形而上学』（ともに平凡社）などにおいて、ニーチェのニヒリズム哲学を継承し発展させ、ニーチェ哲学を新しい形而上学に据えた。たとえばハイデッガーは、ニーチェの「神は死せり」の思想を解説してこう述べている（引用は、細谷貞雄訳、ハイデッガー『ニーチェの言葉「神は死せり」ほか』理想社より）――

「ニーチェは一八八七年に書かれた覚書（『力への意志』）の中で「ニヒリズムとは何を意味するかという問いを立て「最高の諸価値が価値を喪失すること」と答えている。」

「ニヒリズムの本質と出現との境域は形而上学そのものである。」

「形而上学（ニーチェのニヒリズム）とは、超感性的世界、理念、神、道徳律、理性の権威、進歩、最大多数者の幸福、文化、文明が、それらの建設力を喪失して空しくなるということがその内部で運命的に起こる歴史空間である。この超感性的なるものの本質的崩落を、われわれはその腐朽（本質喪失）と名づける。してみれば、キリスト教的信仰教義からの転落という意味での不信仰は、決してニヒリズムの本質と根拠ではなく、常にその帰結にすぎないのである。なぜなら、キリスト教そのものが恐らくはニヒリズムの一帰結であり、その完成形態を現している。」

「力への意志と同じきものの永久の回帰というのは、ニーチェ形而上学の二つの根本的用語」

「形而上学的に考えて神にふさわしい位とは、存在者を被造者として惹起し維持する活動の場所である。……この場所は神の本質領域とも人間の本質領域とも同一ではないけれども、それにしても人間がそこへの卓越的な関係を獲得するのである。超人は神の位につくのではなく、かかることは決して起こらない。そうではなくて、超人の意志が立ち入ってゆく位は、被造者とは存在を異にする存在を、神とは異なる仕方で基礎づける活動の領域なのである。」

ここに見られるように、ハイデッガーはニーチェの思想に深く共感し、よき理解者であり、行き届いた解説者であった。梅原氏が蘊蓄を傾けているニーチェ論とハイデッガー論に私はこれ以上立ち入るべきではない。だが強調しておきたいことが一点ある。ハイデッガーはニーチェの哲学に触発され、両者はともに、プラトン以来の西洋の形而上学を否定するニヒリズムを引き受け、新たにニヒリズムの形而上学を構築しようとしたことである。

デカルトと決別し、ニーチェとハイデッガーに魂を揺さぶられた梅原氏が、その後に歩み、そしてたどりついた思想は、しかし、彼らの哲学とはまったく異質のものとなった。その懸隔にはおどろくばかりである。梅原氏は、どのようにして、青年期に入れあげたニーチェのニヒリズムを克服し、耽読したハイデッガーの思想から離脱できたのか。その回答は大きく二つあるように思える。

回答の一つは、梅原氏が三十歳代で仏教哲学に開眼し、その成果を不惑の年に最初に問うた望月信成・佐和隆研との共著『仏像――心とかたち』『続・仏像――心とかたち』（NHKブックス、一九六五年）にある。タイトルが回答である。「仏像」を抜きに日本の仏教はないということ、それを書名が示している。日本への最初の仏教伝来を告げる『日本書紀』の欽明天皇十三年（五五二年）の記事に「百済の聖明王……釈迦仏の金銅像一軀、幡蓋若干、経論若干数を献《たてまつ》る」とあり、舶来の金銅の仏像を見た欽明天皇は「仏の相貌《かほ》端厳《きらぎら》し」と発した。すなわちキラキラ輝く美しい仏像に天皇は驚嘆したのである。仏教の伝来が、当初から経典とともに仏具・仏像という美術工芸品として舶来したことは、日本において信仰と芸術とが一体にとらえられることになった一因であろう。仏教を語ることは仏像を語ることにほかならない。両者は一体なのである。

日本における宗教と美術との分かちがたい親縁性は、西洋と比較すれば際立つであろう。『新約聖書』の「ヨハネ伝福音書」の冒頭に「初めに言《ことば》あり、言《ことば》は神とともにあり、言《ことば》は神なりき」とある。ローマ帝国へのキリスト教の伝来も『聖書』である。つまり言葉であった。またドイツへのウパニシャッド哲学、仏教、ゾロアスター教の伝来も言葉の翻訳を通してであり、言葉であった。使徒ヨハネの口吻を借りて、日本における仏教流布についていうならば「初めに仏像あり、仏像は仏とともにあり、仏像は仏なりき」といえるのである。

もう一つの回答は「草木国土悉皆成仏」の思想そのものにある。この理念に梅原氏が到達する契機は、梅原氏の著作に親しんだ者にはよく知られているように、日本仏教史における天才・空海の思想との出会いであり、それを契機にした日本の仏教思想全体への括目であり、さらにヘブライズムともヘレニズムとも無縁な縄文文化とアイヌ文化への瞠目であった。

「草木国土悉皆成仏」という核心

梅原人類哲学の要諦は「草木国土悉皆成仏《そうもくこくどしっかいじょうぶつ》」である。このテーゼは梅原哲学の核心であり、日本列島に根をもつ思想であり、世界に通用する理念でもある。

「草木国土悉皆成仏」は、縄文時代以来の日本の基層をなす文化・信仰の言霊を宿している。石器ではなく、土器を特徴とする縄文時代は一万年の長きにわたる。弥生時代から今日まで三千年の三倍以上の長さである。超長期の縄文時代の文化が日本文化の基層にあることは疑いない。だが無文字文化である。そのような先史時代の文化や信仰の中身がどのようにして分かるのか。

ひとつには、日本列島の各地から出土する縄文遺跡の考古学的資料があるからである。「火炎式土器」「縄文のヴィーナス」などと讃嘆される様々な意匠の土器群、ヒスイ、貝塚、三内丸山の六本のクリの大木の「掘っ立て柱」等々の資料群、遺跡の立地場所の景観の美しさ、それらのいずれもが縄文人の文化と心を知る手がかりである。

もうひとつある。柳田國男は『遠野物語』(一九一〇年)の最初の一節で「これを語りて平地人を戦慄せしめよ」とのべた。「平地人」とは海上の道によって稲作文化をもたらした「弥生人」のことである。平地人と対比して柳田國男が『遠野物語』のほか『山の人生』（一九二六年）などで「山人」と呼んだのは先住の縄文人のことである。柳田國男は縄文人が明治・大正期においても日本列島各地の山地で生活しているとみていた節がある。

梅原氏には柳田にまさる持論がある。狩猟・漁撈・採集を生業とする縄文文化を今日に伝えるのがアイヌ文化であり、現存のアイヌ文化は縄文文化の遺産であるというのである。梅原氏は、埴原和郎・尾本恵一・山口敏・三沢章吾などの自然人類学の知見を根拠に、アイヌはコーカソイド（白人）ではなく古モンゴロイドであり、古モンゴロイドは大陸から渡来した新モンゴロイドの弥生人と混血した。その帰結が現代日本人であり、混血の過程で原日本語のアイヌ語は新モンゴロイドの言語の影響を受けて音韻変化を起こし現代日本語になったともいう。この梅原仮説はアイヌ学の権威・金田一京助の通説の全否定である。

このように梅原氏は大八洲《おおやしま》の先住縄文人の実相に迫るために、各地の縄文遺跡をフィールドワークし、縄文人の心を丁寧に掬いあげてきた。そのような縄文人の言霊を宿し、高等宗教の仏教の精神で洗練された理念が「草木国土悉皆成仏」である。その最大の特徴は人間中心主義ではないということである。草木国土悉皆成仏とは、人間、生物、国土、自然がことごとく平等であり仏性に照らされているという思想である。これほどにラディカルな平等思想はほかにない。

現代日本にその理念は生きている。富士山は古来「霊峰」と仰がれ、さまざまな芸術を生んできた。自然・信仰・芸術の三位一体のシンボルが富士山であり、その心性が世界文化遺産として今や人類に共有されている。山形県などにみられる草木塔、山口県などにみられる鯨墓、全国各地にあるペットの墓地などは、植物も動物も人間と同じように成仏するという信仰の発露であろう。「一寸の虫にも五分の魂」と生物を憐れみ、古い大木に注連縄《しめなわ》を巻いて御神木として保存し、森羅万象に「八百万の神」の存在を認める。日常では「もったいない」をモットーに物を大切にし、使い終えた物は、針供養や扇子供養などのように、人間同様に供養する。

芸術では、平安時代の「鳥獣戯画」におけるウサギやカエルの擬人画、江戸時代の伊藤若冲の動物や野菜の涅槃図、近代の宮沢賢治の「生きとし生けるものみな兄弟」の思想が語られている童話、経済活動では、物の特性を生かした匠の物づくりが勤勉のエートスになり、ロボットを人間扱いする態度となる。学問では、哲学者・西田幾多郎が「物になって見、物となって働く」と説く物心一如の思想となった。西田哲学に影響された生物学者・今西錦司は独自のフィールドワークの方法論をつくりあげた。そのひとつ「個体識別」は霊長類の研究で発揮された。個々のサルに観察者が感情移入し、サルと共感しながら、サルの個性をあたかも人間のように記録する。「擬人主義だ!」という批判を西洋の学者が投げつけたが、その方法が正確な観察になっていることが、イギリス人女性の霊長類学者ジェーン・グドールによって実証され、それを皮切りに広く確証され、今西門下の伊谷純一郎はイギリスのトマス・ハクスリー記念賞に輝いた。

これらすべての元にあるのが、梅原氏が人類哲学の理念とした「草木国土悉皆成仏」である。この理念を、梅原氏が折に触れて色紙などに書いた詩篇を組み合わせることによって一篇の頌偈《じゅげ》にしてみよう——

密なるものの　語る声は　静か
ものなべて　往《ゆ》きては還《かえ》り　また巡《めぐ》る
森のことわり　知るや　知らずや
あかあかと　ふじの高嶺《たかね》は　輝《かがや》きて
森のことわり　語らんとする
草木国土悉皆成仏　国土は富士なり

若干の解説を加えたい。一行目の「密なるもの」とは身密・口密・意密からなる「三密」をいう。空海によれば、人間の三密は仏陀の三密と通じる。仏陀の三密は森羅万象がまどかにそなえ宇宙に満ちている。仏陀の三密を感得するには、身に印契を結び、口に真言を唱え、意（心）に仏を観じ、仏の三密と感応すれば即身成仏する。梅原氏の「密なるもの」とは空海の説く三密をさしている。

密なるものの語る「声」とは、空海のいう「声字実相《しょうじじっそう》」の声である。仏は「声」を発して衆生を導く。仏の導きの声は口密（語密とも表記）であり、それは言語・文字に表すことができる。言語・文字は仏の身密であり、仏の真実の相《すがた》であり実相である。「語る声」は三密の声である。空海は『声《しょう》字実相義《じじつそうぎ》』でそれを頌偈にしている――

五大《ごだい》にみな響《ひびき》あり
十界《じっかい》に言語を具《ぐ》す

六塵《ろくじん》ことごとく文字なり
法身はこれ実相《じっそう》なり

「五大《ごだい》」とは地・水・火・風・空、「十界」とは地獄界・餓鬼界・畜生界・修羅界・人間界・天上界・声聞界・縁覚界・菩薩界・仏界という迷妄から悟りまでの十種、「六塵《ろくじん》」とは六根（目・耳・鼻・口・身・意）の働きに応じ、それぞれ色・声・香・味・触・識をさす。それらは言語・文字で表わされる。「五大の響」「十界の言語」「六塵の文字」は仏の三密であり法身である。法身とは仏のありのままの真実である。

語る声が「静か」とされるゆえんは、森の静謐さの中で六根は清浄になり、清浄にしなければ「声」に気づけないからである。空海は『性霊《しょうりょう》集《しゅう》』でこう表現している——

山鳥時に来《きた》って　歌ひとたび奏す
山猿軽く跳《おど》って　伎倆《ぎともがら》に絶えたり

春の草　秋の菊　笑って我に向えり
暁《あかつき》の月　朝《あした》の風　情塵を洗う
一身の三密は塵滴《じんてき》に過ぎたり
十方法界の身に奉献《ぶこん》す

森のなかの鳥のさえずり、猿の敏捷な超絶技巧、春や秋の草花の色香、暁の月の光、朝の涼風、これらの中で六根は清められる。一身の三密は塵《ちり》や露ほど小さくはかなくとも宇宙に遍在する仏の三密に通じている。空海はこうも表現する——

禽獣《きんじゅう》卉木《きもく》はみなこれ法音《ほうおん》なり
雲雨彩《いろ》を含んでは　あるいは灑《そそ》ぎ　あるいは霽《は》る
風葉　絃《げん》を調《しら》べてたちまちに吟《ぎん》じ　たちまちに寂《しず》かなり
滝水は鼙鼓《へいこ》のごとく、伐木は祝敔《しゅくぎょ》のごとし

禽獣の吠え声、松籟や樹木のさやぎ、湧きおこる風と雲、天地を濡らす雨、風にそよぐ樹葉、滝壺にドーッと落ちる水しぶき、倒れる樹木の轟音、山中の森の音を「法」音として聴いている空海は、まさに森と一体である

――

黄葉山野に索《つ》きぬ
蒼々あに始終あらんや
ああ余《われ》五八の歳《とし》
長夜に円融を念《おも》えり
浮雲いずれの処《ところ》より出づる
本《もと》これ浄虚空なり
一心の趣を談ぜんと欲すれば
三曜天中に朗《ほがら》かなり

静まりかえった森の一部と化して安心立命を得ている様が「密なるものの語る声は静か」という一文に凝縮している。

二行目の「ものなべて　往きては還り　また巡る」とは、森羅万象を「往環」という概念でとらえたものである。「往還」は梅原哲学の自然観の根本をなす思想といってよい。由来は、梅原氏が青年期に没入したニーチェの「永劫回帰」の思想、壮年期に入魂した仏教、さらには、アイヌの熊の霊を送る「イオマンテ（イ＝熊の霊、オマンテ＝送る）」の儀式に魂の回復運動を発見したことなどが根拠となっている。また、梅原氏は親鸞『教行信証』を読み込み、往相・還相こそが鍵概念であると確信した。「往還」は梅原氏の自然観・生命観・人生観を貫く根本思想であり、その射程は広大で、富士山のように高く、海溝のように深い。

三行目の「森のことわり」についても空海の言葉を借りよう——

法は、もとより言なけれども、言にあらざれば顕《あら》はれず

真如は色を絶すれども、色をもってすなはち悟る

この文言は空海が唐から持ち帰った文物を「請来目録」として提出した

文章のなかにある。仏法の真理は文字・森羅万象を超越している。しかし、言語や現象を介さないと分からない。法であり真如である「森のことわり」を悟れるかどうかは、まさに「知るや　知らずや」という以外にないのである。梅原人類哲学には空海の思想が脈打っているのである。

四行目「あかあかと」輝く光の源は太陽であり、あかあかと輝く「ふじ」はいうまでもなく富士山である。最終五行目の「草木国土悉皆成仏　国土は富士なり」とは、草木国土悉皆成仏の理念を富士山が体現しているというのである。

富士山は世界文化遺産である。二〇一三（平成二十五）年六月二十二日、カンボジアの首都プノンペンにおいて開かれたユネスコ世界遺産委員会で決定した。世界遺産登録への正式申請書（英語でなければならない）における登録名はFUJISANであった。だが会議の席で「それではなぜ遺産なのか、意味がわからないから sacred place and sources of artistic inspiration を付け加えるべし」という委員会提案があり、日本代表団は承諾した。直訳すれば「聖地であり芸術的霊感の源」であるが、文化庁は「富士山——信仰の対象と芸術の源泉」を正式日本名とした。注目すべきことは、富士山が信仰と芸術が一体の文化であるとユネスコ委員会から提案されたことである。委員会のメンバー構成はキリスト教、イスラム教、仏教など様々な宗教色の国々からなる。宗教の色合いを超え、万人にとって、富士山は sacred place「聖地（信仰の対象）」でありかつ sources of artistic inspiration「芸術的霊感の源（芸術の源泉）」として公認された。

早くも古代日本において「天地の　分かれしときゆ　神さびて　高く尊き　駿河なる　富士の高嶺……」（山部赤人）、「こちごちの　国のみなかに　出で立てる　富士の高嶺は……日本の　大和の国の　鎮めとも　います神とも　宝とも　なれる山かも」（高橋虫麻呂）など『万葉集』に富士山への信仰が歌の芸術で表現されており、富士山・信仰・芸術は始原から一体である。富士山は日本の国土のシンボルである。そのことは、シンボルの体現する日本の国土自体が信仰と芸術の一体的存在であることを意味する。それゆえに「国土は富士なり」と結ばれるのである。

富士山に象徴される国土は聖なる存在であり芸術的霊感の源である。「草木国土悉皆成仏」は芸術への契機を孕んでいる。「草木国土悉皆成仏」は「山川草木悉有仏性《さんせんそうもくしつうぶっしょう》」とも言い換えられる。山川草木国土は芸術の源泉であるから、梅原人類哲学は別言すればおのずから「山川草木国土悉皆芸《さんせんそうもくこくどしっかいげい》術《じゅつ》」ということになるであろう。

ユーラシアの思想の東西への伝播

以上は『人類哲学序説』に対する感想であるが、どうしてもさらに補足しておかねばならないことがある。先に「デ・カン」と「ショ」の間に溝・

亀裂・断絶・深淵があると述べた。では、なぜ断絶があるのだろうか。それにはもちろん重大な理由がある。南アジア・中央アジアとヨーロッパとの関係にかかわる文化史上の大きな出来事が関係しているのである。この点に触れないわけにはいかない。

十八世紀から十九世紀への世紀の転換期の西ヨーロッパで近代社会が勃興してくる。イギリスでは経済革命（産業革命）、フランスでは政治革命（フランス革命）がおこった。それとの対比でいえば、ドイツでは文化革命（アーリア民族革命）がおこっていた。

カントが三批判書の執筆とその彫琢とに没頭していたまさにその時期に、ヨーロッパの思想・文化・哲学をゆるがす衝撃的な出来事が進行していた。インド・ヨーロッパ語族（インド・アーリア語族、インド・イラン語族、インド・ゲルマン語族などとも言われる）の発見である。インドの古代語であるサンスクリットがギリシャ語やラテン語と同じ系統であるという発見である。ドイツ人はアーリア系とされた。アーリア人としての自己の発見はドイツ民族にとって衝撃的であった。

イギリスのオックスフォード大学出身の語学の天才ウィリアム・ジョーンズ（一七四六〜九四年）は、一七八三年にインドのカルカッタに赴任し、その翌年にベンガル・アジア協会を設立し、一七九四年に赴任先のカルカッタで亡くなるまで、その会長として尽力するなかで、一七八八年、ヨーロッパ言語のギリシャ語・ラテン語ほか、ヨーロッパ言語は、サンスクリット語と類似しており、サンスクリットと同じ語族（Indo-Aryan languages）であると論じたのである。世紀の大発見である。この発見はヨーロッパ人、特にドイツ人に驚愕をもたらし、サンスクリットで書かれたインドの文献がつぎつぎとヨーロッパ言語に訳された。たとえば一八一九年にはドイツのボン大学に最初のサンスクリットの教授（A. W. von Schlegel、一七六七〜一八四五年）が任命されている。

ショウペンハウアーは十九世紀前半に活躍した哲学者である。インド思想が流入し、インド学が勃興するというドイツの文化革命のさなかに多感な十代を過ごしたショウペンハウアーは、インド思想の衝撃を、ギリシャ哲学が中世ヨーロッパに与えたルネサンスに匹敵するとまで言っている。『意志と表象としての世界』には、当時のドイツのインド学の第一人者コールブルック（一七六五〜一八三七年）の『ヴェーダについて』のほか、アベル・レミュザ訳の『仏国記』（日本では「仏国法顕伝」で知られる）などが引用されている。そのことからも知られるように、インド思想がつぎつぎとドイツ語に翻訳されて滔々と流れこんでいた。ドイツはヨーロッパにおけるインド学のメッカとなる。

インドの思想は、ドイツ語圏でショウペンハウアーのように、肯定的に受け入れられたばかりではない。歴史を「絶対精神の自己実現」ととらえるヘーゲル（一七七〇〜一八三一年）は、東洋思想の「無」を欠如態として否定的にとらえた。「無」を無視したヘーゲルのインド・アジア観はマルクス(一八一八~八三年)に継承された。マルクスは人類史の発展段階として「アジア的→古代的→封建的→近代ブルジョア社会」と段階区分する唯物史観(史的唯物論)を構想したが、その中でアジアを最も遅れた地域とみなした。

それはともかく、ドイツ人の祖先アーリア人の故郷はイラン高原周辺である。インドのサンスクリットの最古の文献『リグ・ヴェーダ』(紀元前一〇〇〇年以前に成立か)はイラン高原に興ったゾロアスター教の経典『アヴェスター』の言語、およびアケメネス朝ペルシャの偉業を伝える楔形文字の碑文と著しい類似があり、前四〇〇年頃には古典サンスクリットとして固定したとされる。インドにおけるサンスクリットの文化は、その起源であるアーリア人の故郷の古代イランの文化、その宗教であるゾロアスター教へと関心が広がり、古代イランの思想がヨーロッパへ紹介されるのは時間の問題であった。

「インド・アーリア語族」は「インド・ゲルマン語族」ともいわれるように、ドイツ人のアイデンティティに覚醒をもたらし、セム系のユダヤ人に対して、アーリア系のドイツ人という対比を生んだ。単純化すれば、ヨーロッパを「セム系」と「アーリア系」とに二分し、ドイツ人はみずからのアイデンティティを「アーリア人」と自覚したのである。民族とは文化を同じくする集団のことである。ドイツ人はアーリアの民族文化に自らを一体化させる民族・文化革命をおこした。「神は死せり」というツァラトストラに仮託したニーチェの宣言はセム系のユダヤ・キリスト教の神に向かって投げつけられている。古典文献学の専門家ニーチェがインド・アーリア語族の発見に影響されていないわけがない。ニーチェの二十八歳の処女作『悲劇の誕生』(一八七二年)にすでにその影を落としている——

「プロメテウスの神話はこの尊厳さという点で、セム族の堕罪神話と独特な対照をなしているといえよう。堕罪神話において悪の根源と見なされたものは、好奇心、虚偽の見せかけ、誘惑されやすい弱さ、好色、要するに一連の、主として女性的な情念である。これに対してアリアン的（＝アーリア的）観念の卓越性は、能動的な罪は真にプロメテウス的な美徳であるとみなす崇高な思想にある。同時にこれと並行して、厭世主義的悲劇の倫理上の基盤とみなされたものは、人間の悪の是認である。さらに人間の罪の是認、罪によって引き起こされる苦悩の是認である。」

（西尾幹二訳、『世界の名著　ニーチェ』中央公論社）

ニーチェが「アポロン的なもの」に対比して称賛した「ディオニュソス的なもの」とは、悲劇を孕んでいるが、情熱的、音楽的、祝祭的であり、パトスが横溢する喜怒哀楽にあふれた価値である。ニーチェは、プロメテウスを論じる際に、「セム族」との対比において「アーリア（人）の卓越性」

を論じていた。

もうひとつ、東方の思想との関係で見逃せないのはニーチェの『ツァラトストラかく語りき』である。そのメッセージは、「神は死せり」の宣言、「超人」、「ラクダ→獅子→子ども」の人間の三態、「永劫回帰」、「力への意志」などにまとめられるだろう。最大のメッセージは「神は死せり」という超人＝ツァラトストラの宣言であるが、問題はその中身よりもむしろ「ツァラトストラ」の名そのものである。

ニーチェは「ツァラトストラ」の名をどのようにして知ったのであろうか。青木健『ゾロアスター教』（講談社メチエ）によれば、ドイツのゲッティンゲン大学教授の古代イラン学の権威フリードリヒ・カール・アンドレアス（一八四六〜一九三〇年）を通してであったと見られる。アンドレアスは、ルー・サロメ（一八六一〜一九三七年）と一八八七年に結婚した。この結婚の五年前の一八八二年、ニーチェはスイスに滞在して、ルー・サロメを知り、五か月間も旅をともにし、秋には求婚までしている。だが袖にされた。アンドレアス夫人となったのである。アンドレアスはニーチェより二歳年下の同世代であり、同じ女性を愛した古代イラン学の権威である。ニーチェは古代ペルシャ文化に通じたアンドレアスからツァラトストラの名を聞き知った可能性が高い。ニーチェがツァラトストラを最初に発表したのは、ルー・サロメを失った翌年の一八八三年、傷心のニーチェは、スイスからイタリアへ赴き、わずか十日間で『ツァラトストラ』第一部を書き上げたという。

ニーチェの『ツァラトストラかく語りき』は、ツァラトストラの名を除けば、ゾロアスター教の教義とは無縁の内容である。「超人」も「神殺し」も「永劫回帰」も「力への意志」もすべてニーチェの独創である。しかしニーチェが創造した「超人＝ツァラトストラ」のインパクトは巨大であった。

私の専門の社会科学でも、ニーチェとハイデッガーの両者の人生にまたがる時期に活動したドイツの社会科学の泰斗マックス・ヴェーバー（一八六四〜一九二〇年）がニーチェに強く影響されていた。ヴェーバーは社会科学の基本文献『プロテスタンティズムの倫理と資本主義の精神』（一九〇五年、大塚久雄訳、岩波文庫）の末尾には「文化的発展の最後に現れる末人たち（letzte Menschen）」という文言がある。「末人」とは『ツァラトストラかく語りき』序説の副題「超人と末人について」からとられている。「末人」は「超人」の対極にある人間のありようである。ヴェーバーは同書を結ぶにあたって、近代合理主義の行き着く先が「精神のない専門人、心情のない享楽人」すなわち「末人」になることであると警告している。ヴェーバーは、神に仕えるプロテスタントの倫理規範が、似ても似つかぬ資本主義の利潤極大化をめざすエートスに変容したあと、近代合理主義に立つ典型的な人間類型が「末人」になりかねないという洞察をもって、同書を刊行した後は「末人」からの脱却のために理論的に格闘した一人である。鍵は「超人」にある。

ヴェーバーが「末人」の対極にある「超人」にヒントを得て提起したのが「カリスマ」の概念である。「伝統的支配」や「合理的支配」と異なる「カリスマ的支配」をヴェーバーは提起した。それはニーチェの「超人」に由来するだけでなく、『悲劇の誕生』で讃嘆されたディオニュソス的な混沌としたエネルギーの働きの思想の影響もうけている（山之内靖『ニーチェとヴェーバー』未來社、同『マックス・ヴェーバー入門』岩波新書）。

ドイツ社会におけるカリスマを待望する心性がナチス・ドイツのアドルフ・ヒトラー（一八八九〜一九四五年）の登場を許した面もあるだろう。ヒトラーは『わが闘争』（一九二四年）に「民族と人種」という一章を設けた。そこでは「人類文化について、つまり芸術、科学および技術の成果について目の前に見出すものは、ほとんど、もっぱらアーリア人種の創造的所産である」などとアーリア人の卓説性を論じる一方で、ユダヤ人については「つねに他民族の体内に住む寄生虫に過ぎない」などと口をきわめて貶めている（平野一郎・将積茂訳、角川文庫）。

インド・アーリア語族の発見は、ショウペンハウアーからニーチェを経て、ヴェーバーに影響し、第一次大戦後はナチス・ドイツのもとで、ドイツ学界ではユダヤ人学者は亡命を余儀なくされ、アーリア人にかかわる主題が歓迎され、ゴータマ・シッダルタもアーリア人の子孫とする説も横行した（可能性は否定できない）。ヒトラーは一九三三年に首相になり、アーリア民族伝統のマーク「ハーケンクロイツ」をシンボルとした。以後の歴史は周知のとおりである。ナチス・ドイツとアーリア人の生んだ天才的宗教者ツァラトストラとのかかわりを青木健氏はこうまとめている――

総統（ヒトラー）の頭の中では、ニーチェ的ツァラトストラが説く権力への意志、善悪の彼岸、超人思想などは、冷徹にアーリア民族至上主義を推し進め、感情を交えずに科学的に民族問題を処理し、何時の日にか、ゲルマン民族が世界を征服して超人に進化する指針を与えてくれるように思えた。その結果、ザラシュストラ（ツァラトストラ、ゾロアスター）は、ナチス・ドイツのアーリア的科学の神殿の中に、首尾よく座を得ることができたのである。　（前掲『ゾロアスター教』）

ドイツ人に民族・文化革命をもたらした東洋思想の衝撃は、ショウペンハウアーに始まり、ニーチェの「神は死せり」宣言によるキリスト教信仰の全否定、プラトン以来の西洋哲学の全否定となった。それがヴェーバーのカリスマ論を生み、大哲学者ハイデッガーをナチス党員にまでした。東方からもたらされた無の思想やアーリア文化・思想の影響の果てに待ちうけていたのは、アーリア人のツァラトストラをシンボルとしたナチス・ドイツのセム系ユダヤ人に対するホロコーストであった。惨憺たる末路である。

さて、ユーラシアに生まれた仏教やゾロアスターの思想を、ヨーロッパよりはるか前に受容していた国がある。ほかならぬ日本である。日本は、仏教のほかユーラシア大陸に生まれた思想の衝撃を六世紀あたりから受けつづけた。受容した思想は、常識的に語られるような仏教や儒教ばかりではない。その一端を紹介しよう。

司馬遼太郎の初期短編集『ペルシャの幻術師』(文春文庫)所収の「兜率《とそつ》天《てん》の巡礼」である。司馬は、産経新聞社の文化部記者の頃、京都の仏閣を巡り、仏教を研究した。そして謎に突きあたった。京都の太秦である。「太秦」は「うずまさ」と読むが、この訓読みは不自然である。「大秦」という漢字表記は「ローマ」をさしている。「太」という字は「大」を二つ重ねて「大」を強調する文字であるから、太秦とは「偉大なローマ」という意味となる。「太秦」にはローマ帝国の気配がただよっている。ローマ帝国は四世紀末にキリスト教を国教にしていた。

「兜率天の巡礼」は、妻の異常な死の謎を探る夫の推理小説仕立てで、主題は「秦氏」である。中東に誕生したキリスト教ネストリウス派「景教」の信者が海を渡り、赤穂にたどりつき、「秦氏」として京都の太秦に居住した。キリスト教伝来の最初は、ザビエルの伝えた旧教ではなく、秦氏の景教である。これが司馬遼太郎の見立てである。彼はこう推断する——「弥勒はキリストに当たり、天国は兜率天に似る」と。たしかに太秦にはキリスト教の気配がある。

そう感じたのは司馬遼太郎だけではない。キリスト教ネストリウス派（景教）の古代日本への伝来についてては古くから指摘されている。それらの説や小説を含めた学術成果は井上章一『キリスト教と日本人』（講談社現代新書、二〇〇一年）に分かりやすく紹介されている（ただし井上章一氏は司馬遼太郎の小説には触れていない）。

梅原猛氏の『翁と河勝』（角川学芸出版、二〇〇八年）はそれらの総括的作品といえるものである。そのなかで梅原氏はこう述べる――「秦河勝はネストリウス派キリスト教の隠れた信者ではなかったか。……もしキリスト教の伝来がすでに河勝の時に行われているとしたならば、日本の宗教史は根本的に書き直されねばならないであろう。」「私は『隠された十字架』を書いた時、法隆寺にもこのような景教の信仰の跡があるのではないかと思った。法隆寺にはキリストの殉難に等しい聖徳太子の悲劇が隠されているると思われたのでこういう題名にしたのであるが、今は当時よりももっとはっきりと秦河勝は日本最初のキリスト教信者であり、聖徳太子もそれに影響されたのではないかと思っている」。

このように太秦や秦河勝にはキリスト教を思わせるものがあり、今日にいたるまで論争がある。聖徳太子から秦河勝に下された太秦の弥勒菩薩＝半跏思惟像には、しかし、キリスト教と結びつけるだけでは解決できない問題がある。

そもそも「弥勒」とはサンスクリット語の「マイトレーヤ」の漢字表記である。マイトレーヤは「ミスラ」「ミトラ」の転化であり、ゾロアスター教の神である。ゾロアスター教の経典が『アヴェスター』（『ヴェーダ　アヴェスター』筑摩書房）である。そこでは創造主の「聖なる父」アフラ・マズダーが想定され、預言者ゾロアスターが登場する。教えの根幹をなすのは善悪の対立を説く二元論である。善思・善語・善行と悪思・悪語・悪行とが対比され、悪をなす不義者はアフラ・マズダーの化身である義の神々によって裁かれる。その神の一つが「ミトラ（ミスラ）」である。『アヴェスター』において、ミトラは「広い牧地をもち、よく武装せる」「武装者のなかで、栄光をもつこと第一、武装者のなかで勝利を博すること第一」（伊藤義教訳、前掲書より）と形容されている。

ミトラ＝弥勒は、キリスト教ではなく、ゾロアスター教の神である。ゾロアスター教の日本への影響に気づいて、その影響を証明しようとした文豪・松本清張は、晩年、日本古代史の仕事を残した（『古代史疑・古代探求』松本清張全集33巻）。その成果の一つは小説『火の路』（文春文庫、原題は「火の回路」）である。ゾロアスター教は「拝火教」ともいわれる。清張は、百済復興のための救援軍を送った斉明天皇を拝火教に染まっていたとみている。古代日本にペルシャのゾロアスター教が入っていたという主張である。同じ松本清張の『ペルセポリスから飛鳥へ』（日本放送出版協会）や、伊藤義教『ペルシャ文化渡来考――シルクロードから飛鳥へ』（ちくま学芸文庫）なども同様の主張である。まだ結論はでていないが、弥勒信仰の背景には、キリスト教のみならず、ゾロアスター教の影が垣間見えるのである。

司馬が小説のタイトルにした「兜率天」とは弥勒菩薩の居場所である。

弥勒菩薩は、仏になる一歩手前の「兜率天」という天上界にいる。成仏すれば、人間界と縁が切れる。縁を切る手前の「兜率天」という天上界で、弥勒は慈悲心を抱懐し、五十六億七千万年後に衆生救済のために現世に「下生《げしょう》」する。それは、キリストが現世に再臨して「千年王国」を樹立し、死者のうち善人を「再生」させて天国に導く話と似ている。「下生」といえ「再臨」といえ、話の構造は同じである。司馬遼太郎が「弥勒」をキリストに、「兜率天」を天国に似るとしたのも、救済の構造が同じだからであろう。

弥勒が「下生《げしょう》」して衆生を浄土に導くのが「五十六億七千万年の後」とは途方もない未来である。「末法」の到来が信じられる十世紀頃になると、日本人は遠い未来の弥勒の「下生」を待ちきれなくなり、救済の主役を弥勒菩薩から急速に阿弥陀仏に切り換えた。たとえば『源氏物語』の結びの「宇治十帖」に登場する横河僧都は恵心僧都・源信のことであり、著名な高僧であった。その源信の主著『往生要集』(九八五年)全三巻の巻上第一が「厭離穢土《おんりえど》」、第二が「欣求浄土《ごんぐじょうど》」である。穢《けが》れ汚い現世を離れ、清浄な極楽に往生すべきであり、往生の方法として念仏が説かれている。法然はこの書を熟読し、『往生要集釈』をまとめた(岩波思想体系『法然・一遍』に所収)。題名のとおり『往生要集』の要約である。その法然に私淑したのが親鸞(一一七三〜一二六二年)である。「たとひ法然聖人《ほうねんしょうにん》にすかされまひらせて、念仏して地獄におちたりとも、さらに後悔すべからずさふらふ」(『歎異抄』岩波文庫)とまで述べて法然への絶大な信頼を隠さない。源信(九四二〜一〇一七年)↓法然(一一三三〜一二一二年)↓親鸞(一一七三〜一二六二年)へと阿弥陀信仰が深まるなかで、往生するべき浄土が「兜率天の弥勒浄土」から「西方の阿弥陀浄土」へと劇的に変わった。

弥勒浄土から阿弥陀浄土への大転換が起こったのはなぜか。それは末法の到来が信じられたからである。仏が入滅してからも仏法の行われる「正法」の五百年、信仰が形式的になる「像法」の千年、そのつぎに仏法がすたる「末法」の世一万年が来るという信仰を日本人はもった。そして一〇五二年に末法の世に入ると信じられた。弥勒菩薩の下生を待ちきれず、阿弥陀如来の導きで極楽往生したいという願望が渦巻き、それに応えたのが源信、法然、親鸞である。

親鸞の主著『教行信証』の思想の核は「回向《えこう》」である――「謹んで浄土真宗を按ずるに、二種の回向あり。一つには往相《おうそう》、二つには還相《かんそう》なり」（『教行信証』の「教の巻」、引用は岩波の日本思想大系版より、現代かな表記に変えた）。親鸞のいう「回向」は常識とは逆である。普通の用法で「回向」とは死者のために読経などして供養することである。現世の人間が死者にたむける供養や善行のことだが、親鸞の「回向」は仏＝阿弥陀如来がする行為である。「往相」は人が往生するときに、阿弥陀仏が導く。天国に導くキリストの役割や、兜率天に導く弥勒の役割と変わるところはない。もうひとつの「還相」とは何か。『教行信書』で親鸞はこう述べる――

「還相の廻向というは、すなわちこれ利他教化地の益なり。……還相とは、かの土に生じ終りて、……生死の稠林《ちゅうりん》（密林のような迷いの世界）に回入《えにゅう》して、一切衆生を教化して、ともに仏道に向かえしむるなり。」（証の巻）

「還相の利益《りやく》は利他の正意を顕《あら》わすなり」（証の巻）

「利他教化地の益」とは、生きとし生ける衆生を教化する働きである。「往相」「還相」の二種回向は親鸞の独自の思想であり、還相回向という思想は親鸞にしかない。阿弥陀如来が主体で極楽に導くのが「往相」であり、阿弥陀如来が衆生を救いに地上に降りてくるのが「還相」である。阿弥陀如来が人間救済のために現世に降りてくる「還相」は、天上界から現世に再臨するキリスト、兜卒天から「下生」する弥勒と、どこが異なろうか。それは人間を「天国」「兜卒天」「極楽」において救済する働きである。天上と地上を「往還」するという点では同じである。

救済の主体が弥勒菩薩から阿弥陀如来に変わったのも大きいが、それにおとらぬ大きな変化が生じた。それは救済対象が、仏教信奉者はもとより、無信心の老若男女、無情・非情の存在にまで広がったことである。法然の最大の功績は極楽往生が困難とされた女人往生を説いたことである――「仏に成ることは男子なお難《かた》し、いかにいはんや女人をや」。この「女人正機説」の教えは、そのまま「善人なおもて往生をとぐ、いわんや悪人をや」という親鸞の「悪人正機説」にひきつがれた。親鸞より少し遅れて踊り念仏の遊行上人《ゆぎょうしょうにん》一遍（一二三九～八九年）はさらに「よろづの生《いき》とし生けるもの、山川草木、吹く風、立つ浪の音までも、念仏問ふことなし。人ばかり超世の願にあづかるにあらず」（『一遍上人語録』）とまで述べ、山川草木にまで救済対象を広げている。末法思想が広がる中で、日本的な救済観念が形成され、その過程で救済対象が広がり、地上に存在するすべてのものに及んでいった。

キリスト教にしろ、ゾロアスター教にしろ、救済の対象は人間である。しかし、仏教が国風化されるなかで、救済対象が、人間のみならず、動植物、非情・無情のものも含ませるようになった。「一切《いっさい》衆生《しゅじょう》悉有《しつゆう》仏性《ぶっしょう》」「山川《さんせん》草木《そうもく》悉皆《しっかい》成仏《じょうぶつ》」「草木《そうもく》国土《こくど》悉皆《しっかい》成仏《じょうぶつ》」等、一言でいえば「天台本覚思想（ないし天台本覚論）」である。

以上に概観したように、日本列島には汎ユーラシアともいうべき広がりを持つ文化がざっくりと入り込んでいたように思われる。ユーラシアに生まれた様々な文化が入り込んでいたということは、日本の思想がすでに飛鳥の時代から全体性を孕んでいたということであろう。そのことのなによりの例証は、奈良時代の一万点にも及ぶ正倉院の宝物である。宝物には、朝鮮半島、中国大陸はもとより、インド、シルクロードの各地、ペルシャ、さらにギリシャ、ローマの物まである。まさに汎ユーラシアの広がりをもっている。これらの物は、物だけで舶来したのではなく、人が運んできたものであろう。人は出身地の文化・思想・宗教をもつ存在である。これらのことが相俟って日本思想の人類的な広がりを根拠づけるのである。そのことはまた梅原氏が日本思想から「人類哲学」を構想できる根拠でもある。

日本で開花した個々の思想内容は、梅原氏の膨大な著作に詳述されている。それらを踏まえてまとめられたのが『人類哲学序説』である。天台本学思想は、芸術を生み出していった。かつて梅原氏が舌鋒するどく批判した鈴木大拙は、その著書『禅と日本文化』（岩波新書）において、「禅は無道徳であっても、無芸術ではありえない」とのべ、謡曲、美術、剣道、茶道、俳句等々日本の芸術の領域に日本の禅の精神が表現されていると論じている。同じく梅原氏に指弾された和辻哲郎も『古寺巡礼』において、最上位においた仏像は中宮寺の如意輪観音像である――「ただうっとりとながめていた。心の奥でしめやかにとめどもなく涙が流れるという感じであった。ここには慈愛と悲哀との杯がなみなみと充たされている。まことに至純な美しさで、また美しいとのみでは言い尽くせない神聖な美しさである。……慈悲の権化である。人間心奥の慈悲の願望が、その求むるところを人体の形に結晶せしめたものである。……この像を日本的特質の証左とみる」。『古寺巡礼』はこう締めくくられる――「これらの最初の文化的現象を生み出すに至った母胎は、わが国のやさしい自然であろう。愛らしい、親しみやすい、優雅な、そのくせいずこの自然とも同じく底知れぬ神秘をもったわが島国の自然は、人体の姿に現せばあの観音となるほかない。自然に酔う甘美なこころもちは日本文化を貫通して流れる著しい特徴であるが、その根はあの観音と共通に、この国土の自然自身から出ているのである。……母であるこの大地の特殊な美しさは、その胎より子孫に同じ美しさを賦与した。わが国の文化の考察は結局我が国の自然の考察に帰っていかなくてはならぬ」。

鈴木大拙も和辻哲郎もいかにも部分をして全体を語らしめている観があって独断的であり、幅広い論証と客観性を欠いている。かれらの主観による印象論的な日本文化論を、関連資料や文献の渉猟によって詰め、かつフィールドワークによる実証をもとに体系化したのが梅原日本学である。

しかし、大きな道筋として、日本において信仰が芸術に昇華したことは疑いないところである。芸術は文化の花である。「花」自体が信仰と芸術の統合シンボルになる。世阿弥は『風姿花伝』(岩波文庫)において、若さの生む美しい「時分の花」とともに「老木になるまで散らで残りし」「誠に得たりし花」を論じ、生涯「花」を失わないことの大切さを論じた。主題は「花」である。芭蕉は「西行の和歌における、宗祇の連歌における、雪舟の絵における、利休が茶における、その貫通するものは一なり。しかも、風雅におけるもの、造化にしたがひて四時を友とする。見るもの、花に非ずといふ事なし。おもふところ、月にあらずといふ事なし。像《かたち》、花にあらざるときは、夷狄《いてき》にひとし」(『笈の小文』)と言った。主題はやはり「花」である。花は自然の造化のなせる生きた芸術である。梅原氏の最初の単行本『美と宗教の発見』(初版一九六七年、筑摩書房)のタイトルにある「美」と「宗教」は日本においては両者が一体であることを示していよう。

梅原氏が半世紀の研究の末に「天台本覚思想」にたどりつく過程は同時に、氏が多彩な芸術作品を創作発表する過程でもあった――『中世小説集』、『もののかたり』、スーパー歌舞伎『ヤマトタケル』『小栗判官』『オオクニヌシ』、狂言『ムツゴロウ』『クローン人間ナマシマ』のほか、スーパー能『河勝』『世阿弥』、戯曲『ギルガメシュ』等々と枚挙にいとまがない。哲学者が同時に日本ペンクラブ会長を務めるなどは神業といわねばならない。

個体発生は系統発生を繰り返すといわれる。山川草木国土が悉皆成仏するという思想とその展開は、山川草木国土が悉皆芸術となってきた歴史でもある。そのような日本の文化の歩みを、梅原氏個人の半生が体現している。哲学研究はアポロン的でなければならない。芸術創造はディオニュソス的でなければならない。梅原氏において両者は一体的である。梅原猛氏は哲学と芸術の日本文化の歴史を一身にして二世を生きるようにその人生に凝縮し体現してみせた稀有な哲学者であり芸術家である。

現状を変えるには現状をよく知らなければならない。日本を変えるには日本をよく知らなければならない。日本とは何か——日本をよく知り、日本文化を深く広く学ぶために、梅原猛氏の著作が不可欠な最良の宝庫であることだけは確実である。

あとがき

梅原猛先生との対談の書籍化が決まり、その「あとがき」として『人類哲学』讃歌——山川《さんせん》草木《そうもく》国土《こくど》悉皆《しっかい》芸術《げいじゅつ》」を執筆して送り届けたところ、藤原良雄氏から「あとがき」を要請された。独立したエッセーとみなされたようである。そこで、もうひとつ「あとがき」を付すことになった。ここでは、繰り返しを懼れず、先生との対談にかかわる関心事の念押しの場として紙面を使わせていただく。

梅原猛先生が創設された国際日本文化研究センター（日文研）は京都の桂川の西にある。桂川の東の太秦《うずまさ》に広隆寺がある。広隆寺には半跏思惟像の弥勒菩薩が安置されている。国宝第一号である。私は青年期にこの美しく清らかな像に一目惚れし、以来、こよなく愛している。ドイツの哲学者カール・ヤスパースが、時間を超越した最も清澄にして円満な像と讃嘆したことで世界的にも知られている。推古十一年（六〇三年）に聖徳太子が秦河勝《はたのかわかつ》に下賜したものであり、一四〇〇年以上の歴史をもつ。素材がアカマツなので朝鮮半島の作とされてきたが、背の部分にクスノキが使われていることが分かり、近年では日本で作られた可能性が指摘されている。

広隆寺の弥勒菩薩は「仏像」とされているが、謎がある。

第一に、太秦は「うずまさ」と読まれているが、「大秦」は古代のローマをさす。「太」は大を二つ重ねた「大」の強調であるから、「太秦」とは偉大なローマという語義となる。四世紀末以降のローマ帝国はキリスト教を国教としていた。

第二に、秦河勝は皇極三年（六四四年）に赤穂の坂越《さこし》に流されて果てた。坂越の大避《おおさけ》神社は河勝を祭っているが、十二の数字にまつわるものが多い。

「大避」を音読みすれば「だいひ」であり、ダビデの漢字表記であろう。秦河勝は秦広隆とも称した。広隆寺と大避神社はそれぞれ秦河勝の寺であり神社である。その両者に「いさら井」(イスラエル?)の井戸がある。こうしたことから秦河勝はキリスト教ネストリウス派「景教徒」であったとする説があり、梅原先生は『翁と河勝』(角川学芸出版)でその点を力説されている。

第三に、キリスト教の気配だけではない。「弥勒」はサンスクリット(梵語)の「マイトレーヤ」の漢字表記である。マイトレーヤは古代イラン語「ミトラ」「ミスラ」の転訛で、ミトラ神とは、古代ペルシャの宗教ゾロアスター教におけるアフラ・マズダーと並ぶ神である。弥勒にはゾロアスター教(「祆《けん》教」「拝火教」)の気配も濃い。

秦河勝を配流に追い込んだのは、当時の状況からして、蘇我宗家の蝦夷・入鹿父子であろう。翌年の皇極四年(六四五年)、蘇我宗家はクーデター(乙巳の変)で滅ぼされた。クーデターの立役者は中臣鎌足である。鎌足は日本最大の貴族となった藤原氏の祖である。その鎌足のアイデンティティに不明なところがある。鎌足の事跡を最初に記したのは『日本書紀』である。日本書紀の編纂に絶大な影響力をもったのは、鎌足の子の不比等であった。そもそも、中臣は神事を司る氏族であるが、鎌足にその気配がまったくない。それどころか、「(皇極)三年(六四四年)正月の乙亥《いつがい》の朔《つきたち》に、中臣鎌子《かまこ》連《むらじ》を以《も》ちて神祇伯《かみつかさのかみ》に拝《め》す。再三固辞《いな》びて就《つかへまつ》らず。疾《やまひ》を称《まを》して退《まかりい》でて三島《みしま》に居《はべ》り」(『日本書紀』)とあるように、鎌子(鎌足)は神祇を司る長官になるのを極度に嫌った。鎌足は臨終の床で「兜率陀天で弥勒の妙説を聴」くことをもって今生の願いとしたことから、鎌足が弥勒の信仰者であったことが知られる(『藤氏家伝』吉川弘文館)。百済救援を決めたのは女帝の斉明天皇であるが、天皇に仕えた内臣(実質的役割は軍政師)鎌足の進言であろう。斉明天皇をゾロアスター教徒と見たのは松本清張(小説『火の路』)であるが、鎌足の影響とみられる。鎌足の正体は、人質として六三一年に来日した百済の義慈王の王子・余豊璋であると考える。

ニーチェの『ツァラトストラかく語りき』（一八八三〜五年）の「ツァラトストラ」はゾロアスターのドイツ語音である。十八世紀末に「インド・アーリア語族」の発見があり、ドイツではインド学と古代ペルシャ学が盛んになって、アーリア人としての民族意識が急速に醸成された。ドイツにおける民族・文化革命である。それよりも遥か昔の飛鳥時代に日本に、仏教・儒教だけでなく、キリスト教、ゾロアスター教のほか、汎ユーラシアの文物が渡来していた。その物証は奈良の正倉院の宝物であり、中国、朝鮮半島、インド、シルクロード周辺、ペルシャ、ギリシャ、ローマに亘っている。飛鳥・奈良時代の日本は「汎ユーラシアの文化の風」に洗われていた。

現代日本は東西の文明を自家薬籠中のものにしているが、それは古代の飛鳥・奈良時代の日本に蒔かれた「汎ユーラシア」という全体性を孕んだ種苗が順次開花した結果とみなしうる。この点について論じるには「あとがき」の域をまたしても超えかねないので、要点だけを記しておこう。

内藤湖南が応仁の乱以前の日本を外国史と喝破したのは、けだし、卓見である。応仁の乱以前の日本は、東洋文明の受容に努めており、日本史は広義の外国史＝東洋史の一部とみなしてよい。応仁の乱の前後から日本には茶の湯、生け花、謡曲・狂言、数寄屋造、造園、大和絵等々、日本独自の文化の根が張り、それらが広く社会に普及し、日本の独自性が際立ってくる。それらが日本独自の城下町造りとともに、繚乱と花咲くのは江戸時代である。江戸時代は、日本が東洋の文物を自家薬籠中のものとなし、日本が東洋からほぼ完全に自立した時代である。

江戸時代の直前の安土桃山時代に「南蛮」の名で知られた西洋の文化の波が日本列島を洗い、江戸時代に入ると蘭学が導入され、西洋の情報がもたらされていた。明治以後の日本は国をあげて西洋化した。日本の西洋化が稀有な成功をおさめたのは、列島の中にもともと西洋の種子が蒔かれていたからだと言える。

西洋文明の背骨にあるのはキリスト教である。明治以後に信仰の自由が認められたが、キリスト教の普及はごく限られた。内村鑑三はその中で傑出したキリスト教徒であるが、彼は「無教会主義」を唱えた。無教会の中身がふるっている。鑑三は、教会の祭壇を峩々と聳える山岳をもってし、教会のフロアを草花の咲き匂う野原をもってした。キリスト教の神の家を自然に還元したのである。鑑三のキリスト教は、山川草木国土が悉く仏であり神であるという梅原先生の言われる日本固有の人類哲学と通底している。

思想のみならず、自然においても、敷島の大八洲《おおやしま》の国土が南北に三千キロメートルに広がっているということは、亜寒帯から亜熱帯までを包含するので、地球の縮図と見立てうる。また、地球の表面積の三分の二が海であるから、地球はいわば大小の陸地＝島々からなる多島海である。七千近い島々からなる日本列島は水の惑星の縮図とも見立てうる。世界文化遺産の富士山は、国土のシンボルであり、畏敬の対象かつ芸術の源泉として人類の宝となった。哲学者・梅原猛先生が人類哲学を構想されたことには十分な根拠があると言わねばならない。

藤原書店の季刊誌『環』誌上での企画「日本を変える！」を共通テーマとした連続対談の第一回として梅原猛先生と対談の機会をえたのは得難い光栄であった。竹が節をもって伸びゆくように、梅原先生は、青年期に西洋哲学に没入し、壮年期に東洋思想をものし、熟年期には日本の自然誌・歴史・文化・芸術・思想をつぎつぎと自家薬籠中のものとし、古稀、米寿、卒寿を寿ぎ、文字通り矍鑠として、哲学三昧にいそしまれている。先生は富士を戴く〝ふじのくに〟静岡県の最高顧問でもある。梅原先生の学徳に満腔の敬意を表するとともに、先生の健康長寿を心からお祝い申し上げる。

対談を企画された藤原良雄氏ならびに編集に当たられた刈屋琢氏に深く感謝を申し上げたい。対談原稿については、畏友の安田喜憲氏（スウェーデン王立アカデミー会員、日文研名誉教授、ふじのくに地球環境史ミュージアムの初代館長）に目を通していただいた。梅原先生と安田氏とは人生においても学問においても親子のように親密である。安田氏の適切なアドバイスで対談の枝葉が切り落とされてすっきりしたものになったのは有り難かった。

廻《めぐ》りくる　春《はる》を告《つ》げんと　香《かお》る梅《うめ》　枝《え》は猛《たけ》けれど　咲《さ》く花《はな》やさし

平成二十九年（二〇一七年）如月

川勝平太

〈付記〉

本書はこの春に刊行される運びであった。それが夏に延びた。理由がある。静岡県の知事職を預かって二期八年目に入り、この六月に静岡県知事選挙が行われた（六月八日告示、六月二十五日投票）。小生は出馬表明を四月下旬にした。候補者の名を冠した書籍の刊行が公職選挙法に抵触しないかという懸念があり（厳密には違反ではない）、李下に冠を正さず、出版の延期を決めたのである。

近年の選挙には二つばかり問題がある。

ひとつは、投票率の低下である。「主権が国民に存することを宣言」する日本国憲法のもとで、国民各位は平等で、だれもが同じ一票を投じる権利を持つ。投票率は、憲法の施行直後は高かったが、全国的に低下傾向となり、平成期に入ると、知事選でも三〇％台はめずらしくなくなり、二〇％台のときさえある。

民主主義の原理は多数決である。公式の会議には定足数という成立要件があるが、選挙でそれにあたるのは投票率であろう。最近、こんなことがあった。

平成二十八年四月に衆議院京都府第三区選出議員補欠選挙があり、投票率が三〇・一二％と過半数に遠く及ばなかった。これに対し、国民主権の発現とは認められないから選挙は無効であるという訴訟がおこされた。最高裁は、平成二十九年一月、自主的に投票した国民による有効投票の多数者をもって当選人とすることが「選挙人の総意でないとはいえない」とし、法定得票数の規定（国会議員の場合は有効投票の総数の六分の一以上）を満たしていること、有権者には棄権の自由があることなどから、選挙は有効であるという判断を下した。

おなじ理屈でいえば、有権者の九九％が棄権をし、投票率が一％でも選挙は有効になる。たとえば、有権者一〇〇〇人のうち九九〇人が棄権し、有効投票の総数一〇票（投票率一％）のうち六分の一以上、すなわち二票でも当選となる。これはおかしい。

多数決の原理にのっとり、選挙は有権者の過半数の投票（投票率五〇％以上）を獲得してはじめて有効である、と小生は考える。

ふさわしいと思える候補者がいなくても、投票はすべきであろう。投票用紙に「いない」と記せば無効票になる。無効票数が有効票数を上回れば、それなりの政治的意味をもつであろう。投票は、行使できる権利であり、行使すべき義務でもある。

若い世代の投票率が目立って低い。教育の「中立性」を言い訳にして、学校での主権者教育がなおざりにされてきたのではないか。有権者の年限は引き下げられていく傾向にある。これからは、中学生・高校生に「国民主権」「主権在民」の理念を体得させるとともに、国民が主権を獲得してきた歴史を理解させ、投票の権利・義務について、しっかり教えこんでいくことがもとめられる。

もうひとつは、内外の選挙にみられるポピュリズムの傾向である。対立候補に対し、対抗ビジョンと対抗政策で堂々と渡り合うのではなく、不正確な情報を誇張して喧伝し、好き嫌いの感情に訴える手法である。対立候補への反感を煽りたてる選挙戦術は、衆愚政治の走りであろう。そこには、理念はおろか、理想がない。

選挙は終わった。小生が選ばれ、六月二十七日に当選証書を拝受した。共著者の梅原先生ならびに藤原書店に対し、刊行の延期でご迷惑をおかけしたとすれば、まことに、申し訳なく思う。

めでたさも　中《ちゅう》くらいなり　夏《なつ》の陣《じん》　戦《いくさ》の庭《にわ》に　清《きよ》き富士《ふじ》立《た》つ

平成二十九年（二〇一七年）六月二十七日

川勝平太

●梅原猛（うめはら・たけし）

一九二五年生まれ。哲学者。京都大学文学部哲学科卒業。立命館大学教授、京都市立芸術大学学長、国際日本文化研究センター初代所長などを経て、現在、同センター顧問。一九九九年文化勲章受章。著書に『隠された十字架——法隆寺論』（毎日出版文化賞）『水底の歌——柿本人麿論』（大佛次郎賞）『ヤマトタケル』（大谷竹次郎賞）『日本人の「あの世」観』『京都発見』『葬られた王朝——古代出雲の謎を解く』『親鸞「四つの謎」を解く』など多数あり。二期にわたる『梅原猛著作集』が刊行されている。縄文時代から近代までを視野に収め、文学・歴史・宗教等を包括して日本文化の深層を解明する幾多の論考は〈梅原日本学〉とよばれる。

●川勝平太　**（かわかつ・へいた）**

一九四八年生まれ。静岡県知事。専攻・比較経済史。早稲田大学大学院で日本経済史、オックスフォード大学大学院で英国経済史を修学。D.Phil.（オックスフォード大学）。早稲田大学教授、国際日本文化研究センター教授、静岡文化芸術大学学長などを歴任し、二〇〇九年七月より現職。著書に『日本文明と近代西洋――「鎖国」再考』（ＮＨＫブックス）『富国有徳論』『文明の海洋史観』（中公文庫）『「美の文明」をつくる』（ちくま新書）『経済史入門』（日経文庫）『海から見た歴史』『アジア太平洋経済圏史 1500-2000』（編著）『「東北」共同体からの再生』（共著）『「鎖国」と資本主義』（藤原書店）など多数。

〈編集部付記〉

本書のⅠは、二〇一三年二月十七日、ウェスティン都ホテル京都「佳水園」にて、Ⅱは二〇一五年九月二十六日、芝蘭会館・別館にて収録した（共に司会は藤原良雄）。Ⅲは書き下ろしである。Ⅰは『環』53号（二〇一三年四月、藤原書店）に掲載後、本書収録にあたり加筆修正を行なった。

日本思想《にほんしそう》の古層《こそう》

2017年 8 月10日　初版第 1 刷発行©

著　者　梅原　猛
　　　　川勝平太

発行者　藤原良雄

発行所　株式会社 藤原書店

〒 162-0041　東京都新宿区早稲田鶴巻町 523
電　話　03（5272）0301
FAX　03（5272）0450
振　替　00160 - 4 - 17013
info@fujiwara-shoten.co.jp

印刷・製本　中央精版印刷

落丁本・乱丁本はお取替えいたします
定価はカバーに表示してあります

Printed in Japan
ISBN978-4-86578-132-8

日本古代史の第一人者の最新随筆

歴史と人間の再発見

上田正昭

朝鮮半島、中国など東アジア全体の交流史の視点から、日本史を読み直す。平安期における漢文化、江戸期の朝鮮通信使などを例にとり、誤った〝鎖国〟史観に異議を唱え、文化の往来という視点から日本史をたどる。部落解放など人権問題にも早くから開かれた著者の視点が凝縮。

四六上製　二八八頁　二六〇〇円
（二〇〇九年九月刊）
◇978-4-89434-696-3

〝鎮守の森〟を捉え直す！

森と神と日本人

上田正昭

『古事記』に記された「共生」（＝「とも生き」「とも生み」）。日本の歴史と文化の基層につながって存続してきた「鎮守の森」は、聖なる場所でありながら人々の集まる場所であり、自然と神と人の接点として、〝人間と自然の共生〟を象徴してきた。日本古代史の碩学による、日本文化論の集大成！

四六上製　三一二頁　二八〇〇円
（二〇一三年八月刊）
◇978-4-89434-925-4

日本古代史の碩学が、東アジアの共生を唱える

「大和魂《やまとごころ》」の再発見
（日本と東アジアの共生）

上田正昭

「才《ざえ》を本《もと》としてこそ、大和魂の世に用ひらるる方も、強う侍らめ。」（『源氏物語』）。「「大和魂」という用語は、私の調べたかぎりでは『源氏物語』が初見である。いうところの「大和魂」とは戦争中さかんに喧伝されたような日本精神などではない。「日本人の教養や判断力」を紫式部は「大和魂」とよんだのである。」（本文より）

四六上製　三六八頁　二八〇〇円
（二〇一四年一月刊）
◇978-4-89434-954-4

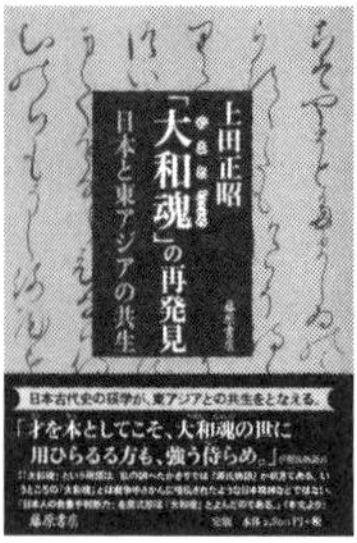

古代を総合的に捉える！

「古代学」とは何か
（展望と課題）

上田正昭

文字史料を批判的にも考察しつつ、遺跡や遺物、神話や民間伝承なども総合的に考察することで日本古代の実相を明らかにする〝古代学〟から、東アジア全体の中での日本古代史を描く。神道のありよう、「天皇」号の始まり、鎖国史観の是正、日本版中華思想の克服、沖縄のまつり……独特の着眼点を盛り込んだ、必携の「古代学」入門！

四六上製　三三六頁　三三〇〇円
（二〇一五年一月刊）
◇978-4-86578-008-6

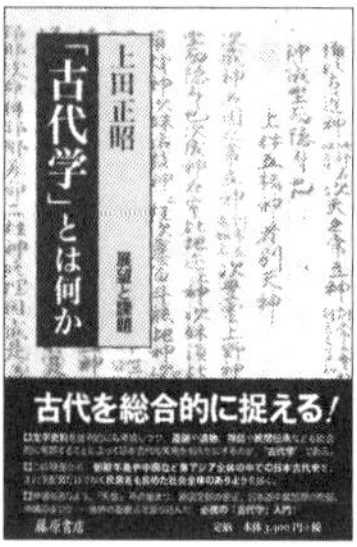

「東北」から世界を変える

「東北」共同体からの再生
（東日本大震災と日本の未来）

川勝平太＋東郷和彦＋増田寛也

「地方分権」を軸に政治の刷新を唱える静岡県知事、「自治」に根ざした東北独自の復興を訴える前岩手県知事、国際的視野からあるべき日本を問うてきた元外交官。東日本大震災を機に、これからの日本の方向を徹底討論。

四六上製　一九二頁　一八〇〇円
（二〇一一年七月刊）
◇978-4-89434-814-1

東北人自身による、東北の声

鎮魂と再生
（東日本大震災・東北からの声100）

赤坂憲雄編
荒蝦夷＝編集協力

「東日本大震災のすべての犠牲者たちを鎮魂するために、そして、生き延びた方たちへの支援と連帯をあらわすために、この書を捧げたい」（赤坂憲雄）――それぞれに「東北」とゆかりの深い聞き手たちが、自らの知る被災者の言葉を書き留めた聞き書き集。東日本大震災をめぐる記憶／記録の広場へのささやかな一歩。

Ａ５並製　四八八頁　三二〇〇円
（二〇一二年三月刊）
◇978-4-89434-849-3

草の根の力で未来を創造する

震災考 2011.3-2014.2

赤坂憲雄

「方位は定まった。将来に向けて、広範な記憶の場を組織することにしよう。途方に暮れているわけにはいかない。見届けること。記憶すること。記録に留めること。すべてを次代へと語り継ぐために、希望を紡ぐために。」

復興構想会議委員、「ふくしま会議」代表理事、福島県立博物館館長、遠野文化研究センター所長等を担いつつ、変転する状況の中で「自治と自立」の道を模索してきた三年間の足跡。

四六上製　三八四頁　二八〇〇円
（二〇一四年二月刊）
◇978-4-89434-955-1

復興は、人。絆と希望をつなぐ！

福島は、あきらめない
（復興現場からの声）

冠木雅夫（毎日新聞編集委員）編

二〇一一年三月一一日、東日本大震災。福島は地震・津波に加え、原発事故に襲われた。あれから六年。風評被害、避難、帰還……さまざまな困難と向き合い、それでも地元の復興に向け生き生きと語る人びと。福島生まれの記者が、事故直後から集めつづけた、現地で闘い、現地に寄り添う人々の声。

四六判　三七六頁　二八〇〇円
（二〇一七年三月刊）
◇978-4-86578-116-8